Je suis né

DU MÊME AUTEUR
AUX ÉDITIONS J'AI LU

Je suis né un jour bleu, n° 8818

Embrasser le ciel immense, n° 9443

L'éternité dans une heure, n° 10830

Mishenka, n° 12109

Chaque mot est un oiseau à qui l'on apprend à chanter,
n° 12557

DANIEL TAMMET

Je suis né un jour bleu

TÉMOIGNAGE

Traduit de l'anglais (Grande-Bretagne)
par Nils C. Ahl

TITRE ORIGINAL :
Born on a blue day,
inside the extraordinary mind of an autistic savant
Publié par Hodder & Stoughton en Grande-Bretagne, 2006

© Daniel Tammet, 2006.

Pour la traduction française :
© ÉDITIONS DES ARÈNES, 2007, 2019.

Le Code de la propriété intellectuelle interdit les copies ou reproductions destinées à une utilisation collective. Toute représentation ou reproduction intégrale ou partielle faite par quelque procédé que ce soit, sans le consentement de l'auteur ou de ses ayants droit ou ayants cause, est illicite et constitue une contrefaçon sanctionnée par les articles L335-2 et suivants du Code de la propriété intellectuelle.

*À mes parents,
qui m'ont aidé à devenir la personne
que je suis aujourdhui,
et à Neil,
qui est toujours là pour moi*

Préface

Le témoignage d'une modeste enfance anglaise sous le spectre autistique, *Je suis né un jour bleu*, est avant tout le récit d'un jeune esprit enamouré de nombres qui se cherche et qui s'épanouit. Depuis sa première publication en Grande-Bretagne en 2006, il est devenu une sorte de classique, un favori des clubs de lecture ainsi que des salles de classe, et traduit dans le monde entier.

Destin enviable pour un premier livre, rédigé en un seul été exaltant, et dont l'auteur n'avait rien – à première vue – d'un écrivain : ni le parcours des grandes écoles, ni le milieu favorisé, ni le moindre parrainage. Seulement sa voix. Et c'est justement cette voix si singulière, à la fois candide et pénétrante, celle que j'incarnais il y a une dizaine d'années encore, qui porte le livre et qui semble habiter le lecteur longtemps après avoir refermé ses pages.

Aujourd'hui, avec le recul des années, j'arrive à entrevoir dans ces mêmes pages les germes de l'œuvre littéraire que j'écrirai par la suite : essais, fiction, reportage, poésie. À l'époque, j'étais bien loin de cette ambition, je m'attablais chaque matin dans ma cuisine – faute de bureau – cherchant seulement les images, les couleurs, les émotions pour dire ma différence. Pour tenter de mieux me comprendre, me raconter. J'y travaillai dur, en y mettant toute l'énergie de mes vingt-six ans. Le livre ne s'écrivit pas tout seul. La simplicité de la syntaxe, son apparente spontanéité saluée par les critiques, fut en réalité un travail de longue haleine. Je connus bien souvent l'angoisse de la page blanche.

Les mots me vinrent pourtant. Et à mesure que j'écrivais, une transformation s'opéra en moi : à la fin, je n'étais plus celui qui avait commencé deux cents pages plus tôt. Si étrange que cela puisse paraître, pour la première fois je me sentais entier, ma vie lisible. D'innombrables fragments de vécu avaient été recollés dans mon souvenir – des états d'âme, des éclats de voix, des silhouettes, – le tout couché sur le papier, chacun prenant place comme autant de pièces de puzzle dont j'ignorais le dessin.

Écrire une autobiographie si jeune a son côté ironique. La vie encore devant soi, on finit forcément par dépasser le « je » dépeint : on vieillit, notre entourage évolue, les décors changent. Seule reste la permanente quête de sens. Lorsque mon histoire parut, elle rencontra le succès qu'on lui connaît ; et, fort de cet encouragement, j'ai renoué avec la littérature et avec le monde. J'ai beaucoup voyagé, à la rencontre de mes lecteurs. J'ai donné conférence sur conférence. Tout cela, même quelque temps auparavant, m'aurait semblé impensable. Plus maintenant.

J'écris ces mots en 2019, directement en français, langue dans laquelle je suis tombé amoureux il y a une décennie et que j'entends et utilise tous les jours depuis mon appartement au cœur de Saint Germain-des-Prés. Entouré des bouquinistes qui animent les rives de la Seine, d'éditeurs et de libraires, je me sens chez moi dans cette langue qui m'accueille si bien depuis mes débuts.

Et dans laquelle je continue à écrire de nouveaux chapitres de ma vie.

Daniel TAMMET

1

Les 9 sont bleus, les mots rouges

Je suis né le 31 janvier 1979. Un mercredi. Je le sais parce que dans mon esprit, le 31 janvier 1979 est bleu. Les mercredis sont toujours bleus, de même que le nombre 9 ou le bruit d'une dispute. J'aime la date de mon anniversaire parce que lorsque je visualise les nombres qui la composent, je vois leurs formes lisses et rondes, comme des galets sur une plage. Il s'agit de nombres premiers, 31, 19, 197, 97, 79 et 1979 qui ne sont divisibles que par eux-mêmes et par 1. Cette impression immédiate de « galet » me permet de reconnaître chaque nombre premier, jusqu'à 9 973. C'est ainsi que mon cerveau fonctionne.

Je suis atteint de ce que l'on appelle le « syndrome savant », un syndrome rare et peu connu avant le film *Rain Man*, récompensé par un Oscar en 1988. Comme Raymond Babbitt, le personnage joué par Dustin Hoffman, j'ai un besoin presque obsessionnel d'ordre et de routine qui peut virtuellement affecter chaque aspect de ma vie. Par exemple, il faut que je mange 45 grammes de porridge au petit déjeuner, ni plus, ni moins : pour en être sûr, je pèse mon bol au moyen d'une balance électronique. De même, je dois compter le nombre de vêtements que je porte au moment de quitter la maison. Si je ne peux pas boire une tasse de thé à certains moments de la journée, je deviens anxieux. Quand le stress est trop important et que j'ai du mal à respirer, je ferme les yeux et je compte. Penser à des nombres m'apaise. Les nombres sont mes amis, ils ne sont jamais loin de moi. Chacun est unique et possède une « personnalité » propre. Le nombre 11 est amical, 5 est bruyant, 4 est à la fois timide et calme – c'est mon nombre favori, sans doute parce qu'il me ressemble. Certains sont grands et gros : 23, 667, 1 179. D'autres sont petits : 6, 13, 581. Certains sont beaux, comme 333. D'autres sont laids, comme 289. Pour moi, chaque nombre est particulier

Quels que soient le moment ou l'endroit où je me trouve, les nombres ne sont jamais loin de mes pensées. Au cours d'un entretien à New York avec David Letterman[1], je lui ai dit qu'il ressemblait au nombre 117 – grand et dégingandé. Un peu plus tard ce jour-là, je me trouvais à

---

1. NdT : Animateur de télévision, humoriste et producteur américain, David Letterman est depuis trente ans l'une des figures de la télévision américaine. Son émission, *Late Show with David Letterman*, sur CBS, est l'une des plus regardées. Toutes les autres notes sont de la main du traducteur.

Times Square, un nom mathématiquement tout à fait approprié (en anglais, *Times Square* pourrait signifier « le carré du temps » ou « le temps au carré »), et j'ai levé la tête vers les gratte-ciel avec la sensation d'être cerné de 9 – le nombre qui correspond le mieux, pour moi, au sentiment de l'immensité.

Mon expérience visuelle et émotionnelle des nombres correspond à ce que les scientifiques appellent la *synesthésie*. Il s'agit d'une confusion neurologique des sens, très rare, le plus souvent la capacité de voir les lettres et/ou les nombres en couleur. Ma synesthésie est d'un type inhabituel et complexe, car les nombres m'apparaissent comme autant de formes, de couleurs, de textures et de mouvements. Le nombre 1, par exemple, est d'un blanc brillant et éclatant, comme quelqu'un qui dirige le faisceau d'une lampe torche directement dans mes yeux. Cinq est un coup de tonnerre ou le son des vagues qui se brisent sur des rochers. Trente-sept est grumeleux comme du porridge, alors que 89 me rappelle la neige qui tombe.

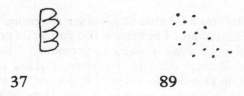

37   89

Le cas probablement le plus connu de synesthésie a été étudié pendant trente ans par un psychologue russe, A.R. Luria, dans les années 1920. Il s'agissait d'un journaliste doté d'une prodigieuse mémoire : Shereshevsky. « S » – ainsi que Luria l'appelle dans les notes qu'il prend pour son livre *Une mémoire prodigieuse* – avait une mémoire essentiellement visuelle qui lui permettait de « voir » les mots et les nombres comme autant de formes et de couleurs. Après l'avoir étudiée trois minutes, « S » était capable de se souvenir d'une matrice à 50 chiffres même des années plus tard. Selon Luria, la prodigieuse mémoire de Shereshevsky, à court comme à long terme, s'expliquait par la synesthésie.

Vivant depuis toujours dans un univers synesthésique, j'ai grandi avec la capacité de manier et de calculer de tête de grands nombres, sans aucun effort conscient, exactement comme Raymond Babbitt dans *Rain Man*. En réalité, beaucoup de personnes atteintes du syndrome savant possèdent cette capacité (on les nomme parfois des « calculateurs ultra-rapides »). Dans son livre *Extraordinary People*, le Dr Darold Treffert, un médecin du Wisconsin, spécialiste du syndrome savant, rapporte notamment le cas d'un aveugle « dont les capacités de calcul relavaient quasiment du miracle ».

Quand on lui demanda combien de grains de blé il y avait dans 64 boîtes – si l'on partait du principe qu'il y en avait 1 dans la première, 2 dans la deuxième, 4 dans la troisième, 8 dans la quatrième et ainsi de suite –, il donna instantanément la réponse pour la dix-huitième (8 192) et pour la vingt-quatrième (8 388 608). Il calcula la quarante-huitième (140 737 488 355 328) en six secondes. Et il fit la somme correcte des 64 boîtes en quarante-cinq secondes : 18 446 744 073 709 551.

En ce qui me concerne, j'aime tout particulièrement le calcul des puissances, c'est-à-dire la multiplication d'un nombre par lui-même, une ou plusieurs fois. Le carré d'un nombre est le résultat de sa multiplication simple par lui-même. Par exemple : le carré de 72 est 72 x 72 = 5 184. Dans mon esprit, les carrés ont toujours des formes symétriques, ce qui les rend particulièrement beaux. Quant au cube d'un nombre, il est le résultat de sa double multiplication par lui-même. On dit aussi « élever » un nombre à la puissance trois, ou au cube. Ainsi, le cube de 51 équivaut à 51 x 51 x 51 = 132 651. Pour moi, chaque résultat d'un calcul de puissance donne naissance à une forme singulière que je visualise. À mesure que les opérations et leurs résultats augmentent, je fais l'expérience de formes mentales, de couleurs, de plus en plus complexes. Ainsi, quand j'élève 37 à la puissance 5 (37 x 37 x 37 x 37 x 37 = 69 343 957), je vois un grand cercle, composé de petits cercles qui tournent dans le sens des aiguilles d'une montre, depuis son sommet.

Quand je divise un nombre par un autre, je vois une spirale qui s'élargit vers le bas en cercles toujours plus concentriques et déformés. Chaque division produit des spirales de tailles et de formes différentes. Grâce à mon imagerie mentale, je peux diviser 13 par 97 (0,1340206...) et voir peu ou prou jusqu'à une centaine de décimales.

Je n'écris presque jamais ce que je calcule. J'ai toujours calculé de tête et il m'est beaucoup plus facile de visualiser les réponses par synesthésie que d'essayer de suivre la technique du « je retiens un » qu'on nous enseigne à l'école. Quand je fais une multiplication, je visualise les deux nombres et leurs deux formes distinctes. Puis l'image change. Une troisième forme apparaît : la réponse. Le processus prend quelques secondes et s'effectue de lui-même. C'est comme faire des maths sans y penser.

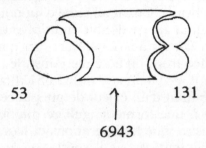

53   ↑   131

6943

L'image ci-dessus illustre la façon dont je multiplie 53 par 131. Je « vois » chacun des deux nombres telle une forme unique et distincte que je dispose à l'opposé l'une de l'autre. De l'espace ainsi créé entre les deux formes résulte une troisième – que je perçois comme un nouveau nombre : 6 943, le résultat.

Selon les opérations, les formes diffèrent. De même, selon les nombres, j'éprouve des sensations et des sentiments distincts. Lorsque je multiplie par 11, je vois toujours des chiffres qui dégringolent dans ma tête. Les 6, quant à eux, sont les plus difficiles à mémoriser de tous, parce que ce sont pour moi de minuscules points noirs sans aucune forme ni texture. Pour les décrire, je dirais qu'ils ressemblent à de petits trous ou à des creux. J'ai des réponses visuelles, et parfois émotionnelles, pour chaque nombre jusqu'à 10 000. Je possède mon propre vocabulaire numérique et visuel, si l'on veut. De la même manière qu'un poète associe certains mots plutôt que d'autres, certaines combinaisons numériques sont pour moi plus belles que d'autres. Il y a des nombres qui se marient bien avec des nombres noirs comme les 8 et les 9, mais moins bien avec des 6. Un numéro de téléphone comportant la séquence 189 est bien plus beau qu'un numéro comportant une séquence 116.

Cette dimension esthétique de ma synesthésie a de bons et de mauvais côtés. Un nombre particulièrement beau sur une plaque minéralogique ou sur une enseigne provoque chez moi un frisson d'excitation et de plaisir. Tout comme voir des nombres sous une forme qui ne correspond pas à l'expérience que j'ai d'eux – par exemple le prix d'un article « 99 centimes » écrit en rouge ou en vert (au lieu de bleu) – m'irrite et me met mal à l'aise.

On ne sait pas combien de personnes atteintes du syndrome savant bénéficient de procédés synesthésiques qui accroissent leurs performances. Et cela parce que beaucoup d'entre elles souffrent, comme Raymond Babbitt dans *Rain Man*, de déficiences mentales ou physiques qui les empêchent d'expliquer aux autres comment elles font ce qu'elles font. En ce qui me concerne, j'ai la chance de ne pas souffrir de l'un de ces handicaps sévères qui vont souvent de pair avec des capacités comme les miennes.

Ainsi que la plupart des individus qui souffrent du syndrome savant, je relève de ce qu'on appelle le « spectre autistique[1] ». Je suis atteint du *syndrome d'Asperger*, une forme modérée du handicap qui en Grande-Bretagne affecte environ un autiste de haut niveau sur trois cents. Selon une étude de 2001 de la National Autistic Society, presque la moitié des syndromes d'Asperger ne sont pas détectés avant l'âge de 16 ans. Le mien a finalement été diagnostiqué à 25 ans, après des tests et un entretien au Centre de recherche sur l'autisme de Cambridge.

L'autisme, y compris le syndrome d'Asperger, se définit par l'altération des interactions sociales, de la communication et de l'imagination (surtout en ce qui concerne l'abstraction, la souplesse intellectuelle et l'empathie). Le diagnostic n'est pas facile et ne peut pas se faire par simple prise de sang ou scanner cérébral : les médecins doivent pouvoir observer le comportement d'un individu et étudier l'histoire de son développement depuis l'enfance.

Les personnes touchées par le syndrome d'Asperger se distinguent souvent par de bonnes aptitudes linguistiques et mènent une vie relativement normale. Beaucoup d'entre elles ont un QI légèrement supérieur à la moyenne et excellent dans des domaines qui impliquent la pensée logique et visuelle. Comme d'autres formes d'autisme, le syndrome d'Asperger affecte bien plus d'hommes que de femmes (environ 80 % des autistes et 90 % des personnes atteintes

---

1. Les formes de ce handicap étant extrêmement variées, les spécialistes et les malades préfèrent parler de « spectre autistique » pour désigner l'ensemble de ces manifestations plutôt que d'utiliser l'étiquette « autiste ».

du syndrome d'Asperger sont des hommes). L'obstination, une forte tendance à se concentrer sur l'analyse des détails, ou encore la reconnaissance implicite des règles et des modèles qui organisent les systèmes sont des caractéristiques reconnues. Des dons particuliers dans les domaines de la mémoire, des nombres et des mathématiques sont courants. Personne ne sait pourquoi certains naissent avec le syndrome d'Asperger, et d'autres pas.

D'aussi loin que je me souvienne, j'ai toujours eu une expérience visuelle et synesthésique des nombres. Ils sont ma langue maternelle, celle dans laquelle je pense et je ressens. Par exemple, comme j'ai du mal à comprendre ou à réagir aux émotions des autres, j'ai souvent recours aux nombres pour y arriver. Si un ami me dit qu'il se sent triste ou déprimé, je m'imagine assis au creux de la cavité noire d'un 6, et cela m'aide à faire l'expérience d'un sentiment similaire et à le comprendre. Quand je lis dans un article qu'une personne a été intimidée par quelque chose ou quelqu'un, je m'imagine debout à côté du nombre 9. Lorsque quelqu'un me décrit un bel endroit qu'il a visité, je me souviens de paysages numériques et de la manière dont ils me rendent heureux. C'est ainsi que les nombres m'aident à être plus proche des autres.

Parfois, les personnes que je rencontre pour la première fois me rappellent un nombre particulier, ce qui me met à l'aise. Quand elles sont très grandes, elles me rappellent le nombre 9 ; quand elles sont grassouillettes, le nombre 3. Si je me sens malheureux ou angoissé par une situation nouvelle (ce qui de fait me stresse et me met mal à l'aise), je compte. Quand je compte, les nombres suscitent des images et des formes solides et rassurantes dans mon esprit. Je peux alors me détendre et gérer la situation, quelle qu'elle soit.

J'ai toujours aimé penser à des calendriers, à cause de tous les nombres et de toutes les formes qui s'y trouvent. Chaque jour de la semaine suscite des couleurs et des émotions distinctes : les mardis sont de couleur chaude alors que les jeudis sont pelucheux. Le calcul calendaire – la faculté de dire à quel jour de la semaine correspond une date – est une capacité commune à beaucoup de personnes touchées par le syndrome savant. Cela est probablement dû au fait que les calendriers sont constitués de nombres prévisibles et d'un agencement de formes particulières selon les jours et les mois. Quel que soit le mois, le treizième jour est toujours placé, dans la semaine, deux jours avant le premier, excepté les années bissextiles. De plus, certains mois se répondent l'un l'autre, comme février et mars (le premier jour de février est le même que le premier de mars). Ainsi, quand la texture du premier jour du mois de février d'une année donnée est pelucheuse (jeudi), le treizième jour de mars sera de couleur chaude (mardi).

Dans son livre *L'homme qui prenait sa femme pour un chapeau*, l'écrivain et neurologue Oliver Sacks évoque le cas de John et Michael, des jumeaux atteints d'une forme lourde d'autisme. Ils représentent l'exemple extrême des capacités de calcul calendaire des personnes qui souffrent du syndrome savant. Bien qu'incapables d'être autonomes (diverses institutions les ont pris en charge depuis l'âge de 7 ans), les jumeaux peuvent calculer le jour de la semaine correspondant à n'importe quelle date des quarante mille dernières années.

Sacks décrit également John et Michael plongés pendant des heures dans un jeu qui consiste à troquer des nombres premiers. Comme ces jumeaux, j'ai toujours été fasciné par les nombres premiers. Chaque nombre premier se distingue par une texture sans aspérités, distincte des nombres composés (non premiers) qui sont grumeleux et plus flous. Quand je reconnais un nombre premier, j'éprouve une sensation forte et soudaine (au centre du front) que j'ai du mal à décrire avec des mots. C'est une sensation très particulière, comme si on me piquait soudain avec des épingles ou des aiguilles.

Parfois, je ferme les yeux et j'imagine trente, cinquante ou cent nombres disposés dans l'espace dont je fais l'expérience synesthésique. Je peux voir alors, avec les yeux de l'esprit, la beauté remarquable des nombres premiers, la façon si distincte dont ils ressortent à côté des autres nombres. C'est pour cette raison que je les contemple obstinément. Chacun d'entre eux est différent de celui qui le précède et de celui qui le suit. Leur solitude parmi les autres nombres me les rend singuliers et stimulants.

La nuit, lorsque je suis sur le point de m'endormir, il arrive que mon esprit se remplisse soudain de lumière brillante et que je ne vois plus que des nombres – des centaines, des milliers – qui passent rapidement devant mes yeux. C'est une belle expérience qui m'apaise. Certaines nuits, quand j'ai du mal à m'endormir, je m'imagine en train de traverser des paysages numériques. Je me sens en sécurité, content. Je n'ai jamais le sentiment de me perdre : les formes des nombres premiers sont comme des panneaux de signalisation.

Les mathématiciens passent, eux aussi, beaucoup de temps à penser aux nombres premiers, notamment parce qu'il n'existe pas de méthode simple et rapide pour tester un nombre afin de savoir s'il est premier. La méthode la plus connue est le crible d'Ératosthène, ainsi nommé d'après Ératosthène de Cyrène. Pour passer les nombres à tester au crible d'Ératosthène, on commence par les écrire tous, par exemple de 1 à 100. Puis on part de 2 (1 n'est ni premier ni composé) et on raye tous les nombres divisibles par 2 : 4, 6, 8... jusqu'à 100. On fait de même avec 3 : 6, 9, 12... Puis avec 4 : 8, 12, 16... et ainsi de suite jusqu'à ce qu'il ne reste plus que quelques nombres intacts : 2, 3, 5, 7, 11, 13, 17, 19, 23, 29, 31... – ce sont les nombres premiers, la structure de base de mon monde numérique.

La synesthésie touche également ma perception des mots et du langage. Le mot *ladder* (échelle), par exemple, est bleu et brillant, tandis que *hoop* (cerceau) est blanc et doux. De même quand je rencontre des mots étrangers : le mot français *jardin* est d'un jaune baveux, *hnugginn* – le chagrin, en islandais – est blanc avec des points bleus. Des chercheurs ont émis l'hypothèse que la couleur des mots dépendait de sa lettre initiale, ce qui en général est vrai, en ce qui me concerne. *Yogurt* est jaune (*yellow* en anglais), *video* est violet (*violet*) et *gate* (porte) est vert (*green*). Je peux également changer la couleur d'un mot en lui ajoutant mentalement d'autres lettres à l'initiale : *at* (à, au) est rouge, mais si on lui ajoute un « h » pour faire *hat* (chapeau), il devient blanc. Si j'ajoute un « t » pour faire « that » (ce), la couleur vire à l'orange. Tous les mots ne correspondent pas à leur lettre initiale : les mots commençant par la lettre A, par exemple, sont toujours rouges, et ceux qui commencent par un W sont toujours d'un bleu profond.

Certains mots correspondent parfaitement à ce qu'ils décrivent. Une framboise – *raspberry* – est à la fois un mot et un fruit rouge (*red* en anglais). *Grass* (l'herbe) et *glass* (le verre – la matière) sont tous les deux des mots verts désignant des choses vertes (*green* en anglais). Les mots commençant par la lettre T sont tous orange comme une « tulipe » (*tulip*), un « tigre » (*tiger*) ou un « arbre » (*tree*) quand ses feuilles virent à l'orange, l'automne.

À l'inverse, pour moi, d'autres mots ne correspondent pas à ce qu'ils désignent. *Gées* (oies, au pluriel) est un mot vert mais désigne des oiseaux blancs (*heese* aurait été un meilleur choix). Le mot *white* (blanc) est bleu, alors que *orange* est clair et lumineux – comme la glace. *Four* (quatre) est un mot bleu mais aussi un nombre pointu, du moins à mes yeux. La couleur du vin est mieux évoquée par le français *vin*, qui est violet, que par l'anglais *wine* (qui est bleu).

Percevoir les couleurs et les textures de chaque mot permet à ma mémoire de mieux retenir les faits et les noms. Je me souviens par exemple que le leader du Tour de France porte un maillot jaune (pas vert ou rouge ou bleu), parce que pour moi le mot *jersey* (maillot) est un mot jaune. De la même manière, je me souviens de la croix bleue du drapeau national finlandais (sur fond blanc) parce que le mot *Finland* (Finlande) est un mot bleu (comme tous les mots qui commencent par un « f »). Quand je rencontre quelqu'un pour la première fois, je me souviens souvent de son nom d'après sa couleur : les Richard sont rouges, les John sont jaunes et les Henry sont blancs.

Grâce à cela, je suis également capable d'apprendre des langues étrangères facilement et rapidement. Aujourd'hui, je maîtrise dix langues : l'anglais (ma langue maternelle), le finnois, le français, l'allemand, le lituanien, l'espéranto, l'espagnol, le roumain, l'islandais et le gallois. En associant les différentes couleurs et émotions de chaque mot et de chaque signification, les mots prennent vie. Par exemple, le mot finnois *tuli* est orange et signifie « feu ». Quand je lis ou quand je pense au mot, je vois immédiatement sa couleur dans ma tête, qui

évoque sa signification. De la même maniè[...]
mot gallois *gweilgi* (la mer) est le mélange [...]
vert et d'un bleu sombre. C'est un excellent [...]
pour dire la couleur de la mer. Tout comme le
mot islandais *rökkur* qui désigne le crépuscule
ou la nuit qui tombe. C'est un mot pourpre dont
la vision m'évoque un coucher de soleil rouge
sang.

Je me souviens qu'enfant, j'allais très souvent
à la bibliothèque locale. Je passais des heures à
regarder les livres les uns après les autres,
essayant en vain d'en trouver un avec mon nom
écrit dessus. Il y avait tant de livres dans cette
bibliothèque, et tant de noms différents, qu'il
était impossible qu'il n'y en ait pas un avec mon
nom. Je n'avais pas compris à l'époque qu'il fallait écrire le livre pour avoir son nom dessus.

En écrivant ce livre, j'ai pu prendre un peu de
recul, contempler tout le chemin parcouru,
suivre la ligne de mon aventure jusqu'à
aujourd'hui. Si quelqu'un avait dit à mes
parents, il y a dix ans, que je vivrais de manière
tout à fait autonome, que j'aurais une vie amou-
reuse et un métier, je pense qu'ils ne l'auraient
pas cru. Moi non plus, probablement. Ce livre
vous dira comment j'en suis arrivé là.

On a récemment détecté chez mon frère cadet,
Steven, une forme d'autisme de haut niveau.
Comme le mien. À 19 ans, beaucoup de défis
l'attendent, qui ont été aussi les miens, de
l'angoisse et de la solitude jusqu'aux incertitudes
de l'avenir. Quand j'étais enfant, les médecins ne
savaient rien du syndrome d'Asperger (il n'a été

identifié qu'en 1994) et pendant plusieurs années, j'ai grandi sans comprendre pourquoi je me sentais si différent des autres, en marge du monde. En écrivant ce qui a été mon expérience de l'autisme, j'espère aider d'autres jeunes gens, comme mon frère Steven, à vivre leur autisme de haut niveau, à se sentir moins isolés et à avoir confiance, en sachant qu'il est possible d'avoir finalement une vie riche et heureuse. J'en suis la preuve vivante.

2

Premières années

Un matin très froid de janvier, dans l'Est de Londres. À la seule vraie fenêtre de leur appartement, ma mère, Jennifer, enceinte de moi et proche du terme, contemple en silence la petite rue étroite et gelée. Sorti acheter le journal du matin, mon père, Kevin, un homme matinal, rentre à ce moment-là. Étonné de la voir déjà levée, il s'inquiète, s'approche d'elle sans faire de bruit et lui prend la main. Elle a l'air fatiguée, comme souvent ces dernières semaines. Elle ne bouge pas, absorbée dans sa contemplation silencieuse. Enfin elle tourne la tête vers lui, lentement, le visage déformé par l'émotion. Elle pose doucement ses mains sur son ventre et lui dit : « Nous l'aimerons, quoi qu'il arrive. Nous l'aimerons, tout simplement. » Ma mère se mit alors à pleurer et mon père approuva sans un mot en lui serrant la main, très fort.

Pendant toute son enfance, ma mère a toujours pensé qu'elle n'était pas à sa place. Dans son souvenir, elle revoit des frères trop grands pour jouer avec elle (elle est d'ailleurs très jeune lorsqu'ils quittent la maison) et des parents froids, distants. Non qu'elle n'ait pas été aimée, mais on n'a pas jugé nécessaire de le lui montrer. Trente ans plus tard, elle ne sait toujours pas comment réagir à ces souvenirs d'enfance ambigus.

Dès leur première rencontre, par l'intermédiaire d'amis communs, mon père est tombé en adoration devant ma mère. Après quelque temps d'une étourdissante romance, ils ont décidé de s'installer ensemble. Il avait bien pensé qu'il n'avait pas grand-chose à lui offrir, mais il l'aimait plus que tout.

Enfant, mon père avait dû contribuer à l'éducation de ses frères et sœurs plus jeunes. Divorcée de mon grand-père, sa mère s'absentait parfois longtemps pour travailler. Quand il eut 10 ans, ils déménagèrent dans un foyer pour sans-abri et mon père veilla sur ses frères et sœurs. Il n'eut pas vraiment le temps d'aller à l'école. On ne lui laissa pas l'opportunité d'avoir des rêves ou des espoirs, comme n'importe quel enfant. Ainsi qu'il le dirait plus tard : le jour où il a rencontré ma mère a été le plus beau de sa vie. Bien que très différents, ils ont su se dire qu'ils tenaient profondément l'un à l'autre. Tous les deux avaient été blessés par des enfances difficiles : ils ne voulaient surtout pas de ça pour moi.

Ma mère perdit les eaux quelques jours plus tard. En rentrant, mon père la trouva effondrée de douleur. Terrifiée, elle l'avait attendu jusqu'au soir. Il appela une ambulance et se précipita à l'hôpital, sans quitter ses vêtements tachés d'huile et de graisse. Presque instantanément, je vins au monde : à peine trois kilos.

On dit que l'arrivée d'un enfant change tout et, sans aucun doute, ma naissance bouleversa l'existence de mes parents – et pour toujours. J'étais leur premier enfant : il était naturel, bien sûr, qu'ils placent autant d'espoir en moi, avant même ma naissance. À la recherche de trucs et d'astuces, ma mère avait passé les derniers mois à compulser fébrilement les pages des magazines féminins les plus populaires. Ensemble, ils avaient économisé, sou après sou, pour un berceau.

À l'hôpital, cependant, les premiers jours ne correspondaient en rien à ce que ma mère avait imaginé. Je pleurais sans discontinuer. Elle me prenait dans ses bras et me caressait doucement le visage du bout des doigts, mais rien n'y faisait : je pleurais toujours.

L'appartement de mes parents était petit. Mon berceau se trouvait dans un coin de leur chambre à coucher. Dès leur retour de l'hôpital, mes parents constatèrent que malheureusement il était impossible de m'y coucher. Je ne voulais pas dormir, je pleurais sans arrêt (et d'une traite). Ma mère m'allaita pendant dix-huit mois, en partie parce que c'était l'une des seules manières de me calmer.

Il est connu que l'allaitement aide au développement des facultés cognitives et sensorielles, sans compter qu'il renforce le système immuni-taire. De même, on considère que l'allaitement profite au développement des émotions chez l'enfant autiste. Il permet en effet de garder un contact étroit, émotionnel et physique, avec la mère. Des chercheurs ont remarqué que les enfants autistes nourris au sein sont plus auto-nomes, plus adaptés socialement et plus affec-tueux que lorsqu'on les nourrit au biberon.

Le mouvement était une autre façon d'apaiser mes pleurs. Mon père me berçait régulièrement dans ses bras, parfois pendant plus d'une heure. Parfois il mangeait d'une main pendant que, de l'autre, il continuait à me bercer. De même, il me promenait longuement dans les rues après son travail, et souvent aux premières heures du jour. En revanche, dès que le landau s'immobi-lisait, je recommençais à hurler.

Bientôt il n'y eut plus ni de jour ni de nuit car la vie de mes parents s'organisa en fonction de mes pleurs. Je leur ai certainement fait perdre en partie la raison. Il arrivait que, de désespoir, ils me placent dans une couverture pour me balancer, ma mère tenant l'une des extrémités, mon père l'autre. La répétition du mouvement finissait toujours par m'apaiser.

On me baptisa l'été suivant. Bien que mes parents ne soient pas pratiquants, j'étais leur premier-né et ils pensaient que c'était la meilleure chose à faire. Par une belle journée claire et chaude, les amis, les familles et les voi-sins se rendirent à l'église. Pendant la messe, je pleurai sans discontinuer, couvrant la bénédiction de sanglots – au grand embarras de mon père et de ma mère.

Quand mes grands-parents maternels nous rendirent visite, ils s'étonnèrent que je sois un bébé si difficile. Ils suggérèrent à ma mère de ne plus me prendre dans ses bras au moindre sanglot. « Il finira bien par se calmer tout seul », disaient-ils. Le seul résultat de ce conseil, que ma mère s'efforça de suivre, fut la multiplication de mes pleurs par deux.

À plusieurs reprises, mes parents consultèrent leur médecin. À chaque fois, il diagnostiqua des coliques et que cela ne pouvait que s'arranger. Les coliques sont en effet l'une des raisons les plus communément avancées aux « pleurs inexplicables ». D'autant que les pleurs persistent et que l'enfant est difficile à consoler. Un nourrisson sur cinq pleure comme s'il avait des coliques. Depuis des décennies, les médecins et les chercheurs tentent de percer le mystère de ces pleurs. Les études les plus récentes penchent pour des douleurs neurologiques, en rapport direct avec le développement cérébral. Rien à voir avec les troubles du système digestif de l'enfant, comme le croient beaucoup de parents. Ces nourrissons qui pleurent sont aussi anormalement sensibles aux stimulations et très vulnérables à un surcroît d'informations sensorielles.

La durée de mes pleurs excessifs – qui perdurèrent après mon premier anniversaire – était tout à fait inhabituelle, même pour des enfants souffrant de coliques. Récemment, des chercheurs, étudiant le rapport entre développement de l'enfant et pleurs anormaux, ont considéré qu'ils pouvaient être le signe avant-coureur de futurs problèmes comportementaux. Comparés à ceux qui pleurent normalement, les enfants qui pleurent trop présentent, vers 5 ans, des retards de la coordination œil/main, ainsi que, généralement, de l'hyperactivité et des problèmes de discipline.

Pourtant, dans d'autres domaines, je me développai de façon tout à fait normale : peu après mon premier anniversaire, je me mis à marcher et je dis mes premiers mots. Le syndrome d'Asperger, en effet, n'entraîne pas de retard notable dans l'apprentissage du langage (contrairement à d'autres formes d'autisme, plus lourdes, où le langage peut prendre beaucoup de retard, voire ne jamais se développer).

À la même époque, j'ai souffert d'otites chroniques qu'on soigna aux antibiotiques. À cause de ces douleurs, je fus un enfant geignard, maladif et capricieux jusqu'à ma deuxième année. Pendant tout ce temps, mes parents, bien qu'épuisés, continuèrent à me bercer tous les jours dans ma couverture et dans leurs bras.

Et puis, au beau milieu de ces pleurs et de ces maladies qui ne cessaient jamais, ma mère découvrit qu'elle était encore enceinte. Mes parents demandèrent à la municipalité un logement plus spacieux et nous déménageâmes dans un appartement du voisinage. Mon frère Lee naquit un dimanche de mai : c'était mon exact contraire, il était joyeux, paisible et sage. Ce fut sans aucun doute un immense soulagement pour mes parents.

Cependant, mon comportement ne s'améliora pas. À l'âge de 2 ans, j'avais choisi un certain mur du salon pour m'y cogner la tête de manière répétitive. Balançant mon corps d'avant en arrière, je projetais durement ma tête en avant selon un tempo précis et régulier. Parfois, je me cognais si fort que j'en avais des bosses. Mon père accourait pour m'éloigner du mur, dès qu'il entendait le son familier de ma tête contre le mur, mais j'y revenais toujours pour recommencer de plus belle. À d'autres moments, j'entrais dans de violentes colères, je giflais mon visage et je hurlais à pleins poumons.

Mes parents consultèrent une spécialiste. Elle les rassura en disant que les enfants se cognent la tête pour évacuer un stress particulier. C'est une manière de se calmer. Elle suggéra que j'étais peut-être frustré et pas assez stimulé. Elle promit à mes parents de les aider à me trouver une place à la garderie. J'avais deux ans et demi. Quelques semaines plus tard, mes parents ressentirent un grand soulagement quand le téléphone sonna pour leur apprendre qu'une place m'était réservée.

La naissance de mon frère conduisit mes parents à reconsidérer leur emploi du temps. La garderie tombait à pic. Leurs journées ne pouvaient plus ne dépendre que de moi. Petit dormeur, je me réveillais souvent la nuit et me levais très tôt le matin. À l'heure du petit déjeuner, mon père me donnait à manger, me lavait et me nourrissait pendant que ma mère faisait de même avec mon petit frère. Le trajet en poussette jusqu'à la garderie faisait presque deux kilomètres ; il fallait contourner le cimetière quaker où l'instigatrice de la réforme des prisons du XIXe siècle, Elizabeth Fry, est enterrée. Dépassant un groupe de maisons, nous empruntions un viaduc puis un sentier piéton avant de continuer pour quelques carrefours encore.

La garderie fut ma première expérience du monde extérieur et mes souvenirs de cette époque sont très forts en dépit de leur petit nombre – comme si de minces rayons de lumière traversaient le brouillard du temps. Il y avait notamment un bac à sable, où je passais une grande partie de la journée à ramasser puis éparpiller le sable car chacun des grains me fascinait. De là me vint ma fascination pour les sabliers (la garderie en possédait plusieurs, de tailles différentes) et je me souviens d'avoir regardé, dans des sabliers, des grains de sable tomber les uns après les autres, pendant qu'autour de moi les enfants jouaient entre eux.

D'après mes parents, j'étais un solitaire qui ne se mêlait pas aux autres. À la garderie, on leur disait que j'étais un enfant dans son monde. Le contraste avec mes premières années devait être frappant : quel rapport entre le nourrisson geignard, qui cognait sa tête contre les murs, que j'étais, et le petit garçon paisible, « dans son monde » et distant, que je devins ? Avec le recul, mes parents savent aujourd'hui que ce changement n'était pas forcément un signe d'amélioration, comme ils avaient voulu le croire à l'époque. J'étais presque devenu trop gentil, trop calme, trop conciliant.

À l'époque, l'autisme, en tant que trouble complexe du développement de l'enfant, était encore peu connu du grand public – et mon comportement ne correspondait pas à ce que beaucoup de gens considéraient comme de l'autisme. Je n'étais pas constamment en train de me balancer, je parlais et montrais une aptitude, au moins relative, à communiquer avec mon environnement. Il allait falloir attendre encore dix ans avant que l'autisme de haut niveau et le syndrome d'Asperger ne soient reconnus par la communauté médicale et le grand public.

Mais il y avait autre chose. Mes parents ne voulaient pas que je sois un cas à part. Ils avaient peur que l'on m'interdise quelque chose. Avant tout, ils souhaitaient que je sois heureux, en bonne santé et capable de mener une vie normale. Quand leurs amis, leurs familles et leurs voisins demandaient de mes nouvelles, mes parents répondaient invariablement que j'étais très « timide » et « sensible ». Je pense qu'ils avaient également peur d'être stigmatisés parce qu'ils avaient un enfant avec des troubles du développement.

L'un de mes souvenirs de mes premiers mois de garderie concerne les différentes textures du sol : certaines parties étaient tapissées ; sur d'autres on avait posé des tatamis. Je me rappelle que je marchais lentement, la tête baissée, regardant mes pieds mais surtout le sol, concentré sur chaque nouvelle sensation communiquée par la plante de mes pieds. Parce que je gardais la tête baissée, il m'arrivait de heurter les autres enfants ou un adulte. Mais comme je marchais très lentement, les collisions étaient toujours insignifiantes. Je m'écartais légèrement avant de reprendre ma route, sans un regard.

Quand le temps était chaud et sec, on nous permettait de jouer dans un petit jardin près de la garderie où il y avait un toboggan, des balançoires et des jouets brillants cachés dans l'herbe, des balles de couleur vive, des instruments de musique. Des tatamis rembourrés et plastifiés étaient placés sous les balançoires et au bas du toboggan pour amortir les chutes. J'adorais marcher pieds nus sur les tatamis. Quand il faisait très chaud, mes pieds étaient en sueur et collaient. Je relevais et reposais mes pieds, encore et encore, renouvelant sans fin cette agréable sensation collante.

Ce que les autres enfants pensaient de moi ? Je ne sais pas. Je ne me souviens pas d'eux. Pour moi, ils faisaient partie du décor de mes nouvelles expériences tactiles et visuelles. Je n'avais absolument aucun goût pour le jeu ou les activités collectives. Il semble qu'à la garderie, on avait pris acte de mon comportement asocial car on ne m'a jamais forcé à jouer avec les autres. Peut-être espérait-on que je m'habituerais à ces autres enfants autour de moi et que je finirais par jouer avec eux. Mais cela n'arriva pas.

Mon père m'accompagnait à la garderie et me ramenait à la maison. Il venait directement de l'usine, portant souvent encore ses vêtements de travail. C'était quelqu'un que rien ne semblait jamais embarrasser. Par nécessité il était devenu un homme aux multiples talents. À la maison, il me changeait et me faisait manger. Il préparait la plupart des repas, mon aide se limitant à déballer certaines choses. J'avais un appétit d'oiseau et la plupart du temps je ne mangeais que des céréales, du pain et du lait. Il fallait me faire la guerre pour que j'avale des légumes.

L'heure du coucher était toujours une lutte. Le plus souvent, je courais de long en large, à moins que je ne saute à pieds joints sans m'arrêter. Quoi qu'il en soit, il fallait un bon moment avant que je me mette au lit. Je réclamais toujours le même jouet – un petit lapin rouge – pour dormir. Parfois, je ne voulais pas dormir du tout : je pleurais jusqu'à ce que mes parents cèdent et me laissent me coucher dans leur lit avec eux. Quand je m'assoupissais, les cauchemars commençaient. Je m'en souviens encore aujourd'hui : je rêvais d'un énorme dragon qui se tenait au-dessus de moi. En comparaison, j'étais vraiment petit. Le même rêve revenait nuit après nuit. J'étais terrifié à l'idée de m'endormir et d'être dévoré par le dragon. Une nuit, pourtant, il disparut aussi soudainement qu'il était apparu. Je continuais à faire des cauchemars, mais ils se firent moins fréquents et moins angoissants. On peut dire que j'avais vaincu le dragon.

Un matin, sur le chemin de la garderie, mon père voulut faire un détour. À sa grande surprise, je me mis à hurler dans ma poussette. Je n'avais pas encore 3 ans, mais je connaissais déjà chaque détail du trajet. Une vieille dame s'arrêta. Elle nous regarda et dit à mon père : « Il a une bonne paire de poumons. » Gêné, il fit demi-tour et reprit le trajet habituel. Mes pleurs s'arrêtèrent instantanément.

Un autre souvenir : l'un des assistants de la garderie qui faisait des bulles de savon. Plusieurs enfants tendaient les mains pour les attraper au-dessus de leur tête, mais pas moi. Je me contentais d'admirer leurs formes et leur mouvement, la manière dont la lumière se reflétait sur leur surface mouillée et brillante. J'aimais particulièrement le moment où l'assistante souf-flait plus fort et où une série de plus petites bulles s'envolait rapidement, à la queue leu leu.

Je ne jouais pas beaucoup avec des jouets, que ce soit à la garderie ou à la maison. Quand j'en prenais un, mon lapin par exemple, je le tenais par les extrémités en le balançant d'un côté puis de l'autre. Je n'essayais jamais de le serrer contre ma poitrine, de le tripoter ou de le lancer. L'un de mes jeux favoris était de prendre une pièce de monnaie et de la faire rouler sur la tranche. Je la regardais, encore et encore, sans m'en lasser.

Mes parents m'ont rappelé que j'aimais cogner les chaussures de ma mère sur le sol, sans m'arrêter. Leur son me plaisait. Dans la chambre, je les mettais parfois pour marcher tout doucement en rond. Mes parents les appe-laient mes « chaussures clic-clac ».

Un jour, mon père me promenait en pous-sette. Je poussai un cri en passant devant une vitrine. Sur le moment, il hésita à entrer dans le magasin avec moi. La plupart du temps, quand mes parents sortaient, il n'était pas question de m'emmener dans un magasin. Leurs rares ten-tatives s'étaient en effet immanquablement sol-dées par des pleurs et des colères. À chaque fois, ils devaient s'excuser – « Il est très sensible », expliquaient-ils – et partir précipitamment. Mais cette fois, mes cris étaient différents, déter-minés. Quand finalement mon père entra, il remarqua une grande table avec des livres de la collection enfantine des *Monsieur Madame*. Il y avait *Monsieur Heureux*, qui était jaune et brillant, et *Monsieur Pressé* qui ressemblait à un triangle violet. Il en prit un et me le tendit.

Comme je ne voulais pas le lui rendre, il finit par me l'acheter. Le jour suivant, nous passâmes devant la même boutique et je poussai encore un cri. Mon père entra et acheta un autre livre de la série des *Monsieur Madame*. Cela devint bientôt une habitude, jusqu'à ce qu'il m'ait acheté toute la série.

Très vite, les *Monsieur Madame* et moi devînmes inséparables. Je ne pouvais pas quitter la maison sans en emporter. Le soir, je passais des heures, allongé sur le sol avec mes livres à la main, regardant les couleurs et la forme des illustrations. Mes parents étaient ravis de cette obsession. Pour la première fois, je semblais heureux et apaisé. C'était aussi une source de chantage très efficace : si je passais toute une journée sans faire de colère, ils me promettaient de m'acheter un nouveau *Monsieur Madame*.

٨

*   *

J'avais 4 ans quand nous emménageâmes dans notre première maison au coin de Blithbury Road. C'était une vieille demeure dont l'escalier était accessible seulement depuis un hall étroit et indépendant, à côté du salon. En bas des escaliers il y avait la salle de bain, pas très loin de la porte d'entrée. Quand un membre de la famille ou des amis nous rendaient visite, ils étaient parfois surpris, au moment d'entrer, de devoir traverser des nuages de vapeur qui venaient de la salle de bain.

Les souvenirs de mes parents à Blithbury Road ne sont pas heureux. La cuisine était régulièrement humide, et la maison, toujours froide en hiver. Malgré cela, nous avions de bons voisins, dont un couple de personnes âgées qui s'étaient entichées de mon frère et moi – et nous gavaient de bonbons et de limonade dès qu'ils nous voyaient dans le jardin.

Devant la maison, mon père occupait ses week-ends à un potager qui regorgea bientôt de pommes de terre, de carottes, de petits pois, d'oignons, de tomates, de fraises, de rhubarbe et de chou-rave. Le dimanche après-midi, nous mangions toujours du gâteau à la rhubarbe.

Je partageais ma chambre avec mon frère. Comme elle était petite, nous avions des lits superposés pour gagner un peu d'espace. Bien qu'il soit mon cadet de deux ans, mon frère eut le lit du haut. Mes parents avaient peur que je puisse ne pas trouver le sommeil et que je risque de tomber.

Je n'avais pas de sentiment particulier pour mon frère et nous vivions des vies parallèles. Souvent, il jouait dans le jardin pendant que je restais dans ma chambre. Nous n'avons presque jamais joué ensemble. Quand nous le faisions, il ne s'agissait pas d'un jeu collectif : je n'ai jamais eu le goût de partager mes jouets ou mes expériences avec lui. Avec le recul, ces sentiments me semblent bien étranges aujourd'hui. Je comprends l'idée de la collectivité, de partager des expériences. Même si j'éprouve parfois des difficultés à m'ouvrir et à communiquer, la nécessité de le faire est définitivement ancrée en moi. Cela a peut-être toujours été là, mais j'ai eu besoin de temps pour le découvrir et le comprendre.

Bientôt, je devins un enfant plus calme et passai le plus clair de mon temps assis dans ma chambre, à un endroit particulier du sol, plongé dans le silence. Parfois, je pressais mes doigts sur mes oreilles, pour encore plus de silence – un silence qui n'a jamais été statique pour moi mais toujours en mouvement, onctueux et transpirant tout autour de ma tête, comme de la condensation.

Au moment de fermer mes yeux, je l'imaginai aussi doux et cristallin que possible. Je n'avais pas besoin de penser, cela venait tout seul. Quand arrivait un bruit soudain, quand on frappait à la porte, c'était douloureux comme s'il se brisait.

En bas des escaliers, le salon était toujours plein de livres. Mes parents étaient tous deux de grands lecteurs et je me souviens que je m'asseyais par terre pour les regarder déchiffrer leurs journaux, leurs livres et leurs magazines. Parfois, si j'avais été sage, j'avais le droit de m'asseoir sur leurs genoux pendant qu'ils lisaient. J'aimais le son des pages qu'on tourne. Les livres me devinrent très précieux, parce que chaque fois que mes parents lisaient, la pièce devenait silencieuse, ce qui m'apaisait et me rendait heureux.

Je commençai à prendre les livres de mes parents pour les entasser dans ma chambre. Un par un, je les portais dans mes bras, jusqu'en haut. Les escaliers étaient difficiles et je négociais les marches, une à une. Si le livre était lourd ou de grande taille, une douzaine de marches pouvaient me prendre une minute. Certains livres étaient plutôt vieux et sentaient le moisi.

Dans ma chambre, je faisais des piles jusqu'à ce que les livres me cernent de tous côtés. Quand mes parents ouvraient la porte, ils avaient peur de renverser une de ces piles sur moi. S'ils essayaient de reprendre ne serait-ce qu'un livre, j'éclatais en sanglots et je piquais une colère. Toutes les pages de ces livres étaient numérotées et je me sentais heureux, entouré par les nombres, comme enveloppé dans une agréable couverture numérique. Longtemps avant d'être capable de lire une ligne de ces livres je pouvais en compter les pages. Et quand je les comptais, mon esprit voyait ces nombres comme autant de mouvements ou de formes colorées.

Au cours de l'une de mes expéditions dans les escaliers avec un livre particulièrement lourd, je glissai et tombai. C'était comme si le mouvement de la chute m'avait rempli l'esprit d'éclairs de couleurs vives et vagues – comme si la lumière du soleil se décomposait. Je restai assis en bas des escaliers, confus et sonné. Je ne pensai pas à appeler à l'aide et j'attendis l'arrivée de mon père qui venait constater la raison de ce vacarme. Je prenais rarement l'initiative de parler, de toute façon. À la suite de cet événement, mes parents ont commencé à cacher les livres les plus lourds et les plus grands, paniqués à l'idée que je fasse une nouvelle chute et que je me blesse plus gravement.

Près de la maison, il y avait un parc où l'on pouvait se rendre à pied. Presque tous les week-ends, nous allions nous y promener. Mes parents me déchiraient des tranches de pain de mie pour que je les lance aux canards. Nous partions en général tôt le matin quand il n'y avait presque personne. Ils me savaient terrifié par la foule autour de moi. Pendant que mon frère courait, je restais assis par terre, de mon côté, arrachant les brins d'herbe et les pétales des marguerites.

Au parc, mon activité préférée, c'étaient les balançoires. Mon père me soulevait dans ses bras pour m'asseoir sur la balançoire et me poussait doucement. Quand il était fatigué et qu'il s'arrêtait de pousser, je criais : « Encore... encore », jusqu'à ce qu'il recommence. Il y avait aussi des chevaux de bois : je m'asseyais au centre tandis que mes parents se tenaient de chaque côté et qu'ils faisaient lentement tourner le manège. À mesure que les chevaux de bois tournaient, je fermais les yeux et commençais à sourire. Je me sentais bien.

Au retour, la rue qui longeait le parc était parfois bruyante. Quand une voiture surgissait en émettant un grand bruit – comme un coup de klaxon – je m'immobilisais, lançais mes mains et les pressais sur mes oreilles. Souvent le bruit était plus impromptu qu'il n'était fort. C'était surtout parce que je ne m'y attendais pas qu'il m'affectait. Pour la même raison, je détestais les ballons et je rentrais la tête dans les épaules dès que j'en voyais un. J'étais terrifié à l'idée qu'il éclate soudain violemment.

Après notre déménagement pour Blithbury Road, j'allai jusqu'à mes 5 ans à l'école maternelle dans un établissement proche qu'on avait appelé Dorothy Barley – en hommage à une abbesse du XVIe siècle qui avait vécu près d'ici sous Henri VIII. On nous donnait souvent du papier et des crayons de couleur pour nous encourager à dessiner et à colorier. J'ai toujours aimé cela, bien que je trouve difficile de tenir le crayon entre mes doigts plutôt qu'en le serrant avec ma paume. J'aimais tracer des cercles de tailles différentes. Le cercle était la forme que je préférais et j'en dessinais toujours.

À la maternelle, dans un coin de la salle, il y avait une caisse remplie de jouets. Mes préférés étaient les perles de couleur. Je les prenais dans mes mains et les secouais pour les voir vibrer à l'intérieur de mes paumes. Quand on nous donnait des tubes en carton (pour faire des jumelles ou une longue-vue), je m'amusais à laisser rouler les perles à travers le tube, fasciné qu'elles entrent d'un côté pour sortir de l'autre. Si je trouvais une caisse ou un pot, je jetais les perles dedans avant de les en faire tomber – et de recommencer.

Sur l'un des murs, il y avait une bibliothèque avec une sélection de livres. Mon préféré était *The Very Hungry Caterpillar*. J'aimais les trous dans les pages et les illustrations arrondies et brillantes. Il y avait un coin-lecture où les enfants pouvaient s'installer sur un grand tatami autour d'un adulte pour l'écouter lire un livre. À l'une de ces occasions, je m'étais assis dans le fond, les jambes croisées et la tête dans les genoux, absorbé dans mon monde à moi. Je n'entendais pas un mot de ce qu'on racontait. À la place, sans m'en rendre compte, je commençai à chantonner, bouche fermée. Lorsque je levai les yeux, l'assistant avait cessé de lire et tout le monde me regardait. J'arrêtai et je baissai la tête pour que la lecture reprenne.

Je ne me souviens pas de m'être senti seul à la maternelle, probablement parce que je me concentrais sur les livres, les perles et les cercles. Doucement, je crois que le sentiment d'être différent commençait à faire son chemin en moi. Mais pour une raison quelconque, cela ne me gênait pas. Je ne ressentais pas encore le désir d'avoir des amis. Pour être heureux il me suffisait de jouer tout seul.

Quand venait le temps des jeux de groupe, comme les chaises musicales, je refusais de participer, terrifié à l'idée que les autres enfants puissent me toucher au moment de se disputer les chaises. Aucune tentative de la part des adultes n'aurait réussi à me convaincre. Au contraire. On m'autorisa finalement à rester debout contre un mur et à regarder les autres jouer. Aussi longtemps qu'on me laissait tranquille, j'étais heureux.

Quand je rentrais à la maison, je montais directement dans ma chambre. Quels que soient ma fatigue ou mon humeur, j'allais ramper jusque sous mon lit et m'allonger dans ses ténèbres. Mes parents apprirent à frapper doucement à la porte avant de rentrer pour voir si j'allais bien. Ma mère me faisait toujours lui raconter ma journée à la maternelle. Elle voulait ainsi m'encourager à parler, moi qui étais si silencieux.

Ma chambre était mon sanctuaire, un espace intime dans lequel je me sentais à l'aise et heureux. J'y passais une grande partie de la journée, au point que mes parents prirent l'habitude de monter dans la chambre, pour venir s'asseoir près de moi et passer du temps tous ensemble. Jamais ils ne m'ont montré d'impatience.

Aujourd'hui, au moment même d'écrire sur mon enfance, je suis frappé par tout ce que mes parents ont fait alors que je ne leur donnais pas grand-chose en retour. Les écouter me raconter mon enfance a été une expérience magique pour moi, qui m'a fait comprendre, rétrospective- ment, l'importance du rôle qu'ils ont joué dans la constitution de la personne que je suis deve- nue. En proie à tous les problèmes que je leur posais, mes pleurs, mes colères, ils m'ont aimé sans conditions, se sacrifiant pour m'aider – petit à petit, jour après jour. Ils sont mes héros.

3

Terrassé par la foudre :
l'épilepsie

J'étais assis par terre dans le salon quand c'est arrivé. J'avais 4 ans et nous étions ensemble, mon frère Lee et moi, pendant que mon père préparait le dîner dans la cuisine. À cet âge-là, il n'était pas du tout étonnant pour moi de ressentir des moments de déconnexion totale, des périodes d'absorption en moi-même – où j'étudiais de près les lignes de mes paumes ou regardais les évolutions de mon ombre quand je me balançais d'avant en arrière avec des mouvements lents et rythmés. Mais ça, c'était quelque chose d'autre, une expérience à nulle autre pareille, comme si la pièce autour de moi m'entraînait de tous les côtés, que la lumière se mettait à suinter et que le temps lui-même coagulait et s'étirait en un instant unique en train de disparaître. Je ne le savais pas et ne pouvais pas le savoir à cet instant-là, mais je faisais une très grosse crise d'épilepsie.

L'épilepsie est l'une des affections les plus courantes du cerveau – environ 300 000 personnes en Grande-Bretagne connaissent l'épilepsie sous différentes formes. Les crises sont le résultat de brèves perturbations électriques dans le cerveau. Aujourd'hui, on connaît un peu mieux le déroulement de ces crises, comment elles commencent et comment elles s'arrêtent. Leur origine reste cependant encore mystérieuse. Mais les médecins pensent que l'épilepsie pourrait être un trouble des liaisons entre les cellules nerveuses ou une perturbation de l'équilibre chimique cérébral.

Dans les jours qui avaient précédé la crise, mon père avait noté que mes paupières tressautaient et que mes bras se contractaient quand j'étais dans la causeuse du salon en train de regarder la télévision. Inquiet, il avait appelé le médecin pour qu'il m'examine. Le temps était chaud, humide, et le médecin suggéra qu'il ne s'agissait que de « cela ». Il recommanda à mon père de rester vigilant et de lui rapporter tout autre phénomène similaire.

Ma chance fut que mon frère était avec moi, au moment de la crise. J'avais eu des convulsions et m'étais évanoui. En entendant mon frère pleurer, mon père s'était précipité dans le salon pour en savoir la raison. Instinctivement, il me prit dans ses bras et courut jusqu'à la station de taxis voisine. Il monta dans le premier, pria le chauffeur de l'emmener à l'hôpital le plus proche – St George – le plus vite possible. Pendant que le taxi traversait les rues à toute allure, il n'y avait rien que mon père puisse faire sinon me serrer contre lui et prier.

Trempé de sueur, mon père se rua hors du taxi et fonça directement au service de pédiatrie. Je n'étais pas revenu à moi et la crise continuait, j'étais plongé dans ce que l'on appelle un « état épileptique », potentiellement mortel. À l'accueil, une infirmière appela des médecins qui m'injectèrent du Valium pour me stabiliser. Je ne respirais plus et commençais à bleuir. Les médecins pratiquèrent un message cardiaque pour me ramener à la vie. Environ une heure après le début de la crise, j'étais tiré d'affaire. Épuisé et soulagé, mon père éclata en sanglots. Sa réaction rapide m'avait sauvé la vie.

On diagnostiqua une épilepsie du lobe temporal.

Les lobes temporaux sont situés sur le côté de la tête, au-dessus des oreilles. Ils jouent un grand rôle dans la perception, la mémoire, l'audition et le traitement de l'information sensorielle – les crises qui affectent cette région du cerveau peuvent endommager la mémoire et troubler la personnalité.

L'épilepsie est bien plus fréquente dans le spectre autistique que dans la population normale. En Grande-Bretagne, un tiers environ des enfants autistes développent une épilepsie du lobe temporal à l'adolescence. Pour cette raison, on pense que ces deux affections doivent certainement avoir une source commune dans la structure même du cerveau ou dans les gènes qui le déterminent.

Pour préciser le diagnostic, on me fit un électro-encéphalogramme (EEG). Pendant un électro-encéphalogramme, on place des électrodes tout autour du crâne pour mesurer l'activité électrique du cerveau et traquer toute anomalie de ses flux. Je me souviens du technicien, au-dessus de moi, en train de placer les électrodes, de petites capsules de métal circulaires, sur différentes parties de ma tête – avec du gel pour les maintenir en place. Je tressaillais et grimaçais à chaque fois qu'il m'en appliquait une parce que je n'aimais pas qu'on me touche la tête.

On me fit également passer une IRM (imagerie par résonance magnétique) du cerveau. L'IRM utilise un grand aimant, des micro-ondes et un ordinateur pour générer une image détaillée de l'intérieur du corps. On m'administra un sédatif avant l'IRM, probablement parce que le technicien était inquiet pour moi à cause du bruit de la machine et d'un possible sentiment de claustrophobie. Je me souviens qu'on m'avait allongé sur une couchette blanche et brillante, lisse, qui fut ensuite poussée à l'intérieur d'un tunnel étroit. L'examen dura environ trente minutes. En dépit du bruit de l'appareil, je m'étais bel et bien endormi parce que je me souviens d'avoir été réveillé par mon père, une fois la couchette retirée du tunnel.

Je restai à l'hôpital plusieurs jours, pour des tests. Mes parents se relayèrent auprès de moi, jour et nuit. Ils craignaient que je panique si je ne voyais pas une figure familière à mes côtés au moment du réveil. Ma chambre avait un sol brillant avec beaucoup de petites éraflures, et la texture de mes draps était différente de celle des draps de la maison – moins douce, irritante. Mes parents me donnaient du jus d'orange, des cahiers à colorier et des crayons de couleur, mais je passais beaucoup de temps à dormir. Je me sentais très fatigué.

Les médecins annoncèrent à mes parents que le pronostic était bon – environ la moitié des enfants avec une épilepsie du lobe temporal guérissent –, on me donna des médicaments en cas de crises et je rentrai à la maison.

Le diagnostic de mon épilepsie affecta mes deux parents très profondément, surtout mon père. Son père à lui – mon grand-père – avait souffert de crises d'épilepsie pendant de nombreuses années quand il était adulte, et il était mort prématurément quelques années avant ma naissance.

William John Edward était né dans l'Est de Londres au début du siècle. Il avait travaillé comme cordonnier et s'était battu pendant la Seconde Guerre mondiale, évacué de Dunkirk puis stationné dans une base militaire du Nord de l'Écosse au service d'une batterie antiaérienne. Il s'était marié et il avait eu quatre enfants, dont mon père, le plus jeune. Les crises avaient commencé après la guerre et avaient été particulièrement violentes – ma grand-mère s'était rapidement habituée au son des assiettes cassées et des tasses renversées sur le sol.

À cette époque, on disposait de peu de moyens pour aider les épileptiques. Les médecins suggérèrent que la maladie de mon grand-père avait été causée par l'explosion des obus pendant la guerre. Ils recommandèrent à ma grand-mère de divorcer de son mari et de déménager. Après tout, elle avait des enfants jeunes et toute la vie devant elle. Cela avait certainement été la décision la plus difficile de sa vie, mais elle suivit le conseil du médecin et se remaria. Mon grand-père fut interné dans un hospice fermé pour ex-soldats atteints de troubles mentaux.

La rupture de la relation entre mes grands-parents eut des conséquences désastreuses sur la famille. Le nouveau mari de ma grand-mère avait du mal à trouver du travail et jouait le peu qu'il gagnait, de sorte que, sans revenus stables, ils se trouvèrent bientôt avec des arriérés de loyer. Un jour, en rentrant à la maison, ils virent que tous leurs meubles avaient été entassés sur le trottoir et les portes scellées. Ils avaient été expulsés – ils étaient sans logis.

Une amie de la famille se chargea un temps des enfants, dont mon père – qui joua le rôle du grand frère pour ses demi-frères et sœurs, avant qu'ils ne s'installent avec mon grand-père dans un foyer pour sans-abri. L'amie de la famille donna à mon père une boîte de Lego comme cadeau de départ. Le foyer se réduisait à de petits cagibis en guise de chambre avec des toilettes communes, une salle de bain et une cuisine. Les couloirs qui reliaient les chambres étaient étroits et le sol était couvert de béton rouge. Mon père pouvait entendre le personnel marcher dans le couloir. Il surnomma l'un d'eux « Jackboots[1] ».

On attribua à la famille deux petites pièces sans meubles. La télévision et la radio n'étaient

----

1. Jackboots est un surnom formé à partir de « boots » – les « bottes » que l'enfant entend dans le couloir – et « Jack » qui est à la fois un prénom courant et, en argot, le « type ».

pas autorisées. Dans l'une des chambres – celle des enfants – il y avait la place pour trois lits. La chambre de ma grand-mère comportait un lit, une table et une chaise. Les hommes n'étaient pas autorisés à passer la nuit au foyer, et son mari dut louer une chambre au-dessus d'une boutique. Ils furent séparés pendant toute la durée du séjour au foyer.

La vie au foyer était lugubre : pas d'intimité, à l'exception des deux chambres qui devaient rester ouvertes à toute heure. Le personnel était strict et dirigeait l'immeuble de manière militaire. La famille détesta ce séjour d'un an et demi qui ne s'éclaira que de l'amitié que noua ma grand-mère avec la gérante du foyer, une Mrs Jones. Enfin, la famille déménagea dans une nouvelle maison.

Mon père rencontra son père pour la première fois quand il avait 11 ans. À cette époque, les crises de mon grand-père étaient moins fréquentes et il avait l'autorisation de sortir le jour pour travailler dans sa cordonnerie. Le soir, il retournait à l'hôpital. Mon père était très jeune quand la maladie de mon grand-père avait commencé, et il n'avait pas de souvenir de lui, ni de son visage. Ils se rencontrèrent chez cette amie qui l'avait recueilli avec ses demi-frères et sœurs. Papa se souvient d'avoir serré la main d'un homme aux cheveux gris, mal habillé qu'on lui présenta comme son père. Avec le temps, ils devinrent proches.

L'âge venant, la santé de mon grand-père périclita rapidement. Mon père lui rendait visite aussi souvent que possible à l'hôpital. Il avait 21 ans quand mon grand-père mourut. Le cœur avait lâché après une attaque et une crise d'épilepsie. Au bout du compte, il avait été un homme bon et bienveillant. J'aurais aimé le connaître.

J'ai eu la chance miraculeuse de vivre à une époque de grands progrès médicaux, de sorte que mon expérience de l'épilepsie a été très différente de celle de mon grand-père. Après les crises et le diagnostic, mes parents redoutèrent que je sois désormais incapable de mener la vie « normale » qu'ils voulaient pour moi. Comme pour beaucoup de parents, être « normal », cela voulait dire être heureux et productif.

Les crises disparurent : comme pour 80 % des personnes concernées par l'épilepsie, mon traitement s'avéra efficace. Je pense que ce fut un facteur déterminant, qui aida ma mère à gérer ma maladie. Elle était très sensible au fait que, d'une certaine manière, j'étais différent depuis toujours, vulnérable, toujours en manque de soins supplémentaires, de soutien et d'amour. Parfois, elle s'inquiétait à l'idée que je puisse avoir une autre crise à n'importe quel moment. Alors, elle passait dans une autre pièce et pleurait doucement. Je me souviens de mon père qui me disait de ne pas entrer dans la chambre quand ma mère était trop émue.

Je trouvais les sentiments de ma mère très difficiles à saisir. Cela n'aidait pas que je reste dans mon monde à moi, absorbé dans la contemplation de choses minuscules, mais incapable de comprendre les changements émotionnels et les tensions au sein de la famille. Mes parents se disputaient parfois, comme tous les parents, au sujet de leurs enfants – de la meilleure marche à suivre pour eux. Dans ces querelles, leurs voix devenaient d'un bleu profond dans mon esprit, je rampais par terre et pressais mon front contre le tapis, les mains sur mes oreilles jusqu'à ce que le bruit disparaisse.

C'était mon père qui me faisait prendre mes comprimés tous les jours, avec un verre de lait ou un verre d'eau au moment des repas. À cause de ce médicament – la carbamazépine – je devais aller tous les mois à l'hôpital, avec lui, pour une prise de sang vérifiant les effets secondaires qui pouvaient affecter mon foie. Mon père était un partisan farouche de la ponctualité et nous étions toujours dans la salle d'attente de l'hôpital au moins une heure avant le rendez-vous. Il m'achetait toujours un verre de jus d'orange et des cookies. Les chaises étaient en plastique, inconfortables, mais je me souviens que je ne voulais pas rester debout tout seul. Il me fallait attendre que mon père se lève avant de me lever moi-même. Il y avait beaucoup de chaises et je passais le temps en les comptant.

Quand l'infirmière appelait mon nom, mon père m'accompagnait dans une petite zone fermée par des rideaux où je m'asseyais. Elle remontait alors l'une de mes manches et me piquait le bras. J'avais eu de nombreuses prises de sang, aussi je savais à quoi m'attendre. L'infirmière recommandait aux patients de regarder ailleurs pendant qu'elle introduisait l'aiguille, mais je gardais la tête immobile, fixant le tube transparent qui se remplissait d'un sang rouge sombre. Quand c'était terminé, l'infirmière retirait l'aiguille et posait un coton qu'elle faisait tenir avec une bande adhésive ornée d'un dessin de visage souriant.

L'un des effets secondaires les plus courants de ce traitement était une hypersensibilité à la lumière du soleil. De sorte que je passais les mois d'été à l'intérieur, pendant que mon frère jouait dans le jardin et au parc. Ça m'était égal, parce que même aujourd'hui, la lumière du soleil me pique et me met mal à l'aise. Par beau temps, je m'aventure rarement dehors pour de longues périodes. Peu après ma crise, mes parents voulurent me surveiller encore plus étroitement, et je passais beaucoup de temps dans le salon, où ma mère pouvait garder un œil sur moi pendant que je regardais la télévision et jouais avec des pièces de monnaie que l'on m'avait données à compter.

Un autre effet secondaire de mon traitement contre l'épilepsie était un sentiment de désorientation et de somnolence. Chaque fois que je commençais à me sentir confus, je m'asseyais, croisais mes jambes et attendais que la sensation passe. Parfois, mes parents étaient gênés quand nous étions en train de marcher dans la rue et que je m'arrêtais soudain pour m'asseoir au milieu du trottoir. Heureusement, l'accès de désorientation ne durait que quelques secondes. Mais cette perte de contrôle de même que son imprévisibilité me faisaient peur et j'étais souvent au bord des larmes.

Il existe une relation complexe entre le sommeil et l'épilepsie. Beaucoup d'épileptiques souffrent de troubles du sommeil. Les experts pensent que certains troubles du sommeil comme les terreurs nocturnes ou la déambulation nocturne (ou somnambulisme) correspondent à des moments de crise que vit le cerveau pendant le sommeil. Entre l'âge de 6 ans et le début de l'adolescence, j'ai eu de temps à autre des déambulations nocturnes – certaines fois souvent, d'autres fois plus ponctuellement. La déambulation nocturne intervient dans les trois premières heures de sommeil quand les ondes du cerveau ont augmenté en amplitude et que le sommeil est profond. En général, le somnambule ne réagit pas quand on lui parle et ne se souvient pas de ses déambulations. Dans mon cas, j'escaladais mon lit et faisais le tour de ma chambre suivant un itinéraire particulier. Parfois, je tapais sur les murs et sur la porte de ma chambre, réveillant mes parents qui me raccompagnaient gentiment jusqu'à mon lit. Bien qu'il soit en vérité sans danger de réveiller un somnambule, cela peut être pour lui désorientant et stressant.

Mes parents prirent une série de précautions pour s'assurer de ma sécurité pendant la nuit. Tous les soirs, avant d'aller se coucher, ils débarrassaient le sol de tous les jouets et laissaient une lumière allumée dans le hall. Ils installèrent également une porte en haut de l'escalier car apparemment, une nuit, j'étais descendu pour me rendre à l'arrière de la maison, et l'on m'avait retrouvé avec la main sur la porte qui conduisait au jardin.

De manière probablement peu surprenante, je tombais de sommeil pendant la journée, comme si toute mon énergie avait été pompée. Et tout ce que je voulais, c'était dormir. En classe, il était habituel pour moi de poser ma tête sur mon bureau et de m'endormir. Les enseignants, parfaitement informés par mes parents, ont toujours été sympathiques et tolérants. C'était souvent désorientant de se réveiller après une période de dix ou vingt, voire trente minutes, et de trouver la classe vide et les enfants en train de jouer dans la cour, mais il y avait toujours un professeur pour me rassurer.

L'impact cumulé des différents effets secondaires de mon traitement sur ma première année d'école fut considérable. J'avais du mal à me concentrer en classe et à travailler harmonieusement. Je fus le dernier enfant de ma classe à maîtriser l'ordre alphabétique. Ma maîtresse, Mrs. Lemon, m'encourageait à écrire mon alphabet avec moins de fautes, à coups d'autocollants de couleur. Je n'ai jamais été gêné ou concerné par le fait d'être à la traîne : les autres enfants ne faisaient tout simplement pas partie de mon monde.

Deux fois par an, j'allais avec mon père à l'hôpital pour enfants Westminster de Londres pour un scanner de contrôle de mon cerveau. Nous nous y rendions en taxi, nous arrivions tôt comme d'habitude, et nous attendions que ce fût notre tour. J'ai dû passer beaucoup, beaucoup d'heures, assis dans les salles d'attente des hôpitaux.

Après trois ans, la décision fut prise de diminuer progressivement mon traitement. Ma mère paniqua à l'idée que l'épilepsie puisse revenir, bien qu'heureusement je n'aie pas eu de nouvelle crise jusqu'à aujourd'hui. Les effets secondaires des médicaments disparurent et mes performances à l'école s'améliorèrent.

Les séquelles de mon épilepsie – s'il y en a eu – sur mon cerveau et son fonctionnement ne sont pas évidentes. Les crises de mon enfance trouvaient leur origine dans le lobe temporal gauche, et certains chercheurs suggèrent que les personnes affectées par le syndrome savant possèdent un hémisphère cérébral gauche déficient qui entraîne une compensation par l'hémisphère droit. On justifie cette théorie en avançant que les dons le plus souvent observés chez les « savants », y compris les nombres et le calcul, sont associés à l'hémisphère droit.

Quoi qu'il en soit, ce n'est pas facile de déterminer si l'épilepsie est une cause ou un symptôme de cette déficience de l'hémisphère gauche, et il est possible que les crises de mon enfance soient venues comme la conséquence d'une déficience plus ancienne, probablement de naissance.

Pour cette raison, les experts se sont intéressés à mes capacités de perception pour voir en quoi elles différaient de celles des autres. Une étude fut menée au Centre de recherche sur l'autisme de Cambridge, à l'automne 2004. Le Pr Simon Baron-Cohen – spécialiste de la psychopathologie du développement et le meilleur chercheur en matière de troubles du spectre autistique – est le directeur de ce centre. L'étude mit à l'épreuve la théorie de la « faible cohérence centrale », autrement dit le fait que les autistes s'intéressent aux détails au détriment des informations globales (le « dessin d'ensemble »), alors que la plupart des gens contextualisent les informations et négligent souvent les plus petits détails. Par exemple, des études ont montré que les enfants autistes sont très performants – et meilleurs que les sujets non-autistes – dans la reconnaissance de visages familiers lorsque l'on ne leur montre qu'une partie de ce visage sur des photographies.

La tâche de Navon consiste à identifier une cible particulière à un niveau local ou global. Dans le cadre de mes tests au Centre, les scientifiques me demandèrent d'appuyer sur un bouton avec ma main gauche si je voyais la lettre A et d'appuyer sur un bouton avec ma main droite si je ne la voyais pas. Les images étaient projetées sur un écran devant moi et mes réponses étaient mécaniques. À plusieurs reprises, j'appuyai trop rapidement sur le « non » parce qu'il fallait plusieurs secondes à mon cerveau pour comprendre que la configuration d'ensemble des lettres formait un grand A. Les scientifiques appellent ce phénomène « l'interférence » et il est communément employé pour les illusions d'optique. Pour la plupart des gens, l'interférence est causée par l'image globale – par exemple quand on leur présente une lettre H composée de petits A, la plupart des gens ne vont pas immédiatement voir les A à cause de l'interférence du H. Dans mon cas, comme la plupart des autistes, l'interférence est inverse et je me bats pour distinguer la figure d'ensemble parce que mon cerveau se concentre tout de suite sur les détails.

```
      H                    A              A
    H H                    A              A
   H   H                   A              A
  H H H H                  A   A A A      A
  H       H                A              A
  H       H                A              A
```

Dans l'illustration ci-dessus, l'image de gauche montre une lettre A composé de H plus petits. L'image de droite montre la lettre H, composée de petits A.

En Australie, le Pr Allan Snyder – directeur du Centre du cerveau à l'Université de Sydney – a suscité beaucoup d'intérêt quand il a prétendu pouvoir simuler les dons des personnes affectées par le syndrome savant en utilisant une méthode appelée la « stimulation magnétique transcrânienne » (SMT). La SMT a été utilisée comme outil médical dans la chirurgie du cerveau, stimulant ou anesthésiant des zones particulières du cerveau, ce qui permet aux médecins de surveiller les effets de la chirurgie en temps réel. C'est une technique non invasive qui semble ne pas avoir d'effets secondaires. Selon le Pr Snyder, les pensées d'un autiste ne sont pas différentes de celles d'un individu normal. Elles sont seulement une forme extrême de celles-ci. En inhibant temporairement certaines activités cérébrales – la capacité de penser contextuellement ou conceptuellement, par exemple –, la SMT, selon le Pr Snyder, peut être utilisée pour stimuler certaines parties du cerveau responsables de la collecte des informations brutes non filtrées. Ce faisant, il espère entraîner le cerveau à percevoir les choses autrement.

Le professeur utilise une pastille reliée par des électrodes à une machine TMS. Une clé noire géante est appliquée aux lobes temporaux, qui envoie des impulsions variables d'énergie magnétique. Certains « cobayes » de Snyder prétendent avoir temporairement connu des facilités pour dessiner ou pour analyser un texte. Les dessins d'animaux étaient plus vivants et plus détaillés, la lecture était plus précise.

La plupart des gens lisent en isolant des groupes familiers de mots. Pour cette raison, beaucoup ne voient pas les erreurs d'épellation ou les répétitions. Par exemple :

> Un tiens
> vaut mieux que deux tu
> tu l'auras[1]

En lisant rapidement on ne remarque pas le second « tu » superflu. Un bénéfice secondaire de la gestion de l'information par le détail plutôt qu'en globalité est que l'on est très scrupuleux : je suis par exemple un très bon correcteur. Le dimanche matin, en lisant les pages du journal sur la table, je relevais pour mes parents les fautes de grammaire ou d'orthographe. « Pourquoi ne peux-tu pas juste lire le journal comme n'importe qui ? » s'exclamait finalement ma mère, exaspérée, après que j'ai relevé une douzaine de fautes dans un article.

Le Pr Snyder soutient que les capacités exceptionnelles des « savants » sont certainement en chacun de nous mais que, pour la plupart, nous ne savons pas comment les activer. De même, il pense que mes crises d'épilepsie ont pu jouer un rôle, comme les impulsions électromagnétiques de la TMS, en affectant certaines régions de mon cerveau. La voie aurait été préparée pour mes aptitudes numériques et ma synesthésie.

---

1. A bird in the hand/is worth two in the/the bush.

Il y a des exemples de dons apparus après une maladie ou une blessure à la tête. Orlando Serrel, pour ne citer que lui, reçut une balle de baseball en pleine tête à l'âge de 10 ans. Plusieurs mois après, il commença à rassembler de grandes quantités d'informations – des plaques minéralogiques, des paroles de chansons, des bulletins météo – qu'il apprenait par cœur sans effort.

Des transformations similaires ont été rapportées dans le cas de patients souffrant de démence fronto-temporale (DFT), une maladie dégénérative du cerveau qui lèse les lobes temporaux et frontal. À mesure que la maladie progresse, le comportement et la mémoire sont affectés. La DFT touche le plus souvent des adultes à partir de la quarantaine.

Bruce Miller, un neurologue de l'Université de Californie à San Francisco, explique que certains de ses patients atteints de DFT développent spontanément un intérêt et des dons en musique et en art. Les études ayant recours à l'imagerie cérébrale montrent que, pour ces patients-là, le flux de sang et l'activité métabolique dans le lobe temporal gauche sont réduits. Pendant ce temps, l'hémisphère droit du cerveau, siège de la perception visuelle et de l'espace, est bien mieux préservé.

Il semble que les crises de mon enfance ont dû jouer un rôle dans la construction de la personne que je suis aujourd'hui. Beaucoup d'autres ont vécu de la même manière leur expérience de l'épilepsie, comme Dostoïevski. Ce célèbre écrivain russe du XIXe siècle, auteur de *Crime et châtiment* et *Les Frères Karamazov*, avait une forme rare d'épilepsie du lobe temporal appelée « épilepsie extatique ». Les crises de Dostoïevski intervenaient le plus souvent la nuit et étaient généralisées, affectant le corps tout entier. Son expérience de la maladie l'a conduit à créer des personnages atteints d'épilepsie dans quatre de ses romans : Kirilov dans *Les Possédés*, Smerdiakov dans *Les Frères Karamazov*, Nellie dans *Humiliés et offensés*, et le prince Mychkine dans *L'Idiot*.

Dostoïevski décrit ainsi son expérience de l'épilepsie :

> Pendant un moment, je fais l'expérience d'une joie qu'on n'éprouve pas dans un état normal et que les autres ne peuvent concevoir. Je ressens une harmonie parfaite en moi-même et dans le monde entier. Le sentiment est si fort et si doux que pour ces quelques secondes de félicité, on donnerait dix ans de sa vie, voire sa vie entière.
> J'ai l'impression que le Paradis est descendu sur la Terre et m'a avalé. Je suis vraiment parvenu jusqu'à Dieu et je suis imbu de Lui. Vous qui êtes en bonne santé, vous n'avez pas même l'idée de la joie dont nous, les épileptiques, nous faisons l'expérience pendant la seconde qui précède la crise.

On pense également que l'écrivain et mathématicien Lewis Carroll souffrait de crises d'épilepsie du lobe temporal, ce qui lui aurait inspiré l'écriture de son plus fameux ouvrage : *Alice au pays des Merveilles*. Le passage suivant décrit une expérience de chute involontaire très similaire à celle qui intervient lors d'une crise d'épilepsie :

Alice n'eut même pas le temps de songer à s'arrêter avant de se sentir tomber dans ce qui semblait être un puits très profond. [...] « Eh bien ! se dit Alice, après une pareille chute, je n'aurais plus peur de tomber dans l'escalier ! » [...] Elle tombait, tombait, tombait. Cette chute ne prendrait-elle donc *jamais* fin ?[1]

Certains chercheurs pensent même qu'il pourrait y avoir un lien entre l'épilepsie et la création. L'écrivain Eve LaPlante l'évoque dans son livre *Seized : Temporal Lobe Epilepsy as a Medical, Historical and Artistic Phenomenon*. Elle prend l'exemple célèbre de Van Gogh qui souffrait de crises sévères qui le laissaient déprimé, hagard et agité. Au plus fort de la maladie, Van Gogh produisait des centaines de dessins, de toiles et d'aquarelles.

À environ 8 ans, pendant plusieurs mois, je me suis mis à écrire compulsivement, souvent pendant des heures, sur des rouleaux de papier à imprimante. Feuille après feuille, je notais des mots minuscules et serrés les uns contre les autres. Mes parents devaient se procurer d'immenses rouleaux pour moi, parce que je n'arrêtais pas. Mon écriture manuscrite était illisible – une institutrice se plaignit d'avoir à changer la correction de ses verres de lunettes pour me lire – tant j'avais peur de manquer de papier pour écrire.

Je me souviens de peu de chose sinon de descriptions très denses : une page entière pouvait être consacrée aux différents détails d'un endroit

---

1. Traduction française de Henri Parisot, Éditions Flammarion, Paris, 1970.

ou d'un objet, ses couleurs, ses formes et ses textures. Il n'y avait pas de dialogues, pas d'émotions. À la place, je décrivais les longs tunnels qui s'aventuraient en zigzag dans des profondeurs ténébreuses, sous les océans scintillants, les cavernes empierrées ou encore les tours qui montaient jusqu'au ciel. Je n'avais pas besoin de penser à mon sujet. Les mots semblaient juste sortir de ma tête. Même sans projet conscient, les histoires étaient toujours compréhensibles. Je montrai l'une d'elles à mon institutrice, et elle l'aima assez pour en lire des passages à haute voix, devant la classe. Mon écriture compulsive disparut aussi soudainement qu'elle était venue. Néanmoins, il m'en est resté une fascination éternelle pour les mots et le langage, ce qui m'a depuis beaucoup servi.

De plus en plus d'épileptiques vivent sans crise, grâce aux progrès de la médecine et des techniques. Le stigmate qu'était autrefois l'épilepsie (et l'autisme) est en train de disparaître, mais les troubles du cerveau ne sont pourtant pas mieux compris. À des parents d'enfants épileptiques, je dirais qu'ils doivent s'informer le plus possible sur cette maladie. Et que le plus important de tout, c'est de donner à leurs enfants la confiance de s'accrocher à leurs rêves, parce que c'est cela qui façonne le futur de chaque individu.

4

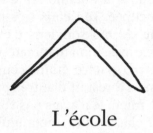

L'école

Pour moi, l'école primaire a commencé en septembre 1984, au moment où mon frère Lee commençait à aller à la garderie. Le matin, mon père m'accompagnait en classe, parfois avec une certaine impatience parce que je marchais très lentement et que je n'arrêtais pas de ramasser des pierres pour les rouler entre mes doigts. Mon institutrice, Mrs. Lemon, était une grande dame mince avec des cheveux noirs et courts. J'aimais son nom parce que, quand je l'entendais, je voyais immédiatement la forme et la couleur du fruit. *Lemon* (citron) fut l'un des premiers mots que j'appris à écrire.

Juste à côté des portes de l'école, il y avait un vestiaire pour que les enfants puissent suspendre leurs manteaux avant d'entrer en classe. Je n'aimais pas beaucoup aller dans cette pièce parce qu'il n'y avait qu'une seule petite fenêtre située en hauteur et qu'il y faisait toujours sombre. J'étais si terrifié à l'idée de perdre mon manteau ou d'en prendre un autre qui lui ressemblait et de le rapporter à la maison que je comptais les patères jusqu'à la mienne. Si je trouvais ma patère déjà occupée, j'en étais très malheureux et j'avais peur. Je me souviens d'être un jour revenu en classe avec mon manteau sur les épaules parce que ma patère était occupée par un autre. Et même s'il restait d'autres patères pour y suspendre le mien, je n'avais pas voulu le faire.

La salle de classe était rectangulaire. On y entrait par le côté droit. Dans la pièce, afin que les enfants puissent y laisser leurs crayons et leur papier, il y avait une multitude de rangées de tiroirs, chacun orné des nom et prénom de l'élève. On nous donnait à chacun une chemise en plastique qui portait également notre nom collé sur le coin gauche, en haut. La chemise avait une fermeture Éclair de couleur sur le côté pour pouvoir l'ouvrir et la fermer, et l'on nous disait de garder nos livres de lecture et nos devoirs à l'intérieur. J'utilisais la mienne avec un soin méticuleux – me souvenant toujours d'y ranger mes livres lorsque je les avais finis.

Mon bureau était dans le fond de la salle, près de la fenêtre qui était pleine de papiers de couleur et de dessins, et je pouvais regarder les autres enfants de la classe sans croiser le regard d'aucun. Je ne me souviens ni du nom, ni du visage d'aucun des enfants de mes premières années d'école. J'ai toujours eu le sentiment qu'ils étaient quelque chose dont il fallait s'accommoder et se contenter, quelque chose au large de quoi il fallait naviguer plutôt que des individus à connaître ou avec lesquels jouer.

Je croisais souvent mes mains sur ma poitrine quand j'étais debout ou quand je traversais la classe. Parfois, les poings serrés, je dépliais un ou plusieurs de mes doigts pour les dresser vers le plafond. Un jour, alors que je levais le majeur, un garçon vint me dire que je jurais : « Comment un doigt peut-il jurer ? » demandai-je. Mais au lieu de répondre, le garçon appela la maîtresse qui me gronda parce que j'étais grossier.

J'appréciais beaucoup les rassemblements du matin[1]. Avant tout parce qu'ils étaient sans surprise et toujours à la même heure. La maîtresse nous demandait de nous lever, de nous mettre en rang par ordre alphabétique devant la porte, puis de rejoindre les autres classes sous le préau. Ils étaient déjà tous là, assis en lignes impeccables et nous passions en silence, pour aller nous placer derrière eux. La sensation forte d'ordre et de routine me calmait. Les yeux clos, je me balançais doucement sur le sol du préau en chantant bouche fermée, tout doucement pour moi-même – une attitude que j'adoptais souvent quand j'étais détendu et satisfait.

Ce que je préférais, c'était quand on chantait « He's Got the Whole World in His Hands[2] » et « Oats, Peas, Beans and Barley Grow[3] » qui étaient parmi mes chants favoris. Je fermais les

---

1. Tradition anglo-saxonne, au cours de laquelle les élèves sont réunis avant ou pendant la première heure de classe pour écouter le directeur, chanter, etc.
2. L'un des plus célèbres gospels.
3. Chanson enfantine traditionnelle.

yeux et écoutais attentivement les autres enfants qui chantaient ensemble, les notes se mêlant les unes aux autres dans un flux rythmé, atone et rassurant. La musique m'apaise toujours et me rend heureux. Le rassemblement du matin était le meilleur moment de ma journée d'école.

Avec mon premier Noël à l'école, je fis l'expérience de la traditionnelle crèche vivante. On me donna le rôle de l'un des bergers. J'étais pétrifié à l'idée de monter sur scène devant toute l'école – les enfants, les maîtres et les parents – et je devins très nerveux, refusant de faire les essayages du costume ou d'en discuter avec la maîtresse. À la fin, ma mère intervint, me corrompant à coups de sucreries en échange de ma participation. Je regardai le sol pendant tout le temps que je fus sur scène, mais cela n'empêcha pas mes parents de me dire après qu'ils étaient fiers de moi. La représentation finie, je ne voulais plus enlever le costume, et mes parents durent persuader la maîtresse de le leur prêter pour les vacances de Noël. Cette nuit-là, et toutes celles qui suivirent jusqu'au Nouvel An, je dormis avec mon costume de berger et mon chapeau.

*
*　*

Étudier en classe ne fut pas chose facile : j'avais beaucoup de mal à me concentrer quand les autres enfants parlaient entre eux et quand des gens passaient et repassaient dans le couloir. Je trouvais dur de filtrer tous ces bruits extérieurs et je mettais régulièrement mes mains sur mes oreilles pour me concentrer. Mon frère Steven a les mêmes problèmes et utilise des boules Quiès quand il veut lire ou penser.

Quand j'écris, je m'absorbe dans chaque lettre, chaque mot, chaque phrase. Si je remarque une tache ou une faute, j'efface tout et je recommence. Cette exigence de perfection fait que je travaille parfois à une vitesse d'escargot, finissant une leçon dans un état proche de l'épuisement, sans que pourtant rien le justifie. Je ne me suis jamais inquiété que la maîtresse me considère comme paresseux ou incapable et je ne me suis jamais préoccupé de ce que les autres enfants pouvaient penser. Sans compter que je ne comprenais pas que les erreurs pouvaient être source d'apprentissage.

L'écriture était toujours fastidieuse. Certaines lettres, le *g* et le *k* en particulier, étaient fatigantes parce que je n'arrivais pas à me rappeler comment il fallait faire. Je m'entraînais à écrire des lignes et des lignes de *g* et de *k*, feuille après feuille, mais leur boucle et leur « bras » n'étaient pas naturels pour moi et il me fallut beaucoup de temps avant d'être capable de les réaliser avec confiance. J'étais à la traîne, incapable d'écrire des mots en reliant les lettres les unes aux autres. Si les lettres étaient déjà difficiles une à une, les combinaisons telles *gh* et *th* étaient impossibles à exécuter d'une seule traite. Même aujourd'hui, j'écris la plupart des lettres d'un mot l'une après l'autre.

L'un des exercices les plus courants consistait à emporter à la maison une vieille boîte remplie de bouts de papier. Sur chaque papier, un mot sur lequel il fallait s'entraîner. On nous faisait passer des tests toutes les semaines pour vérifier que le travail avait été effectué. J'ai toujours très bien réussi ces tests, parce que je visualisais chaque mot dans ma tête en partant de la forme des lettres. Le mot *dog* (chien) par exemple est fait de trois cercles avec une barre ascendante sur le premier et une boucle descendante sur le dernier. Le mot ressemble de fait assez à un chien si vous imaginez la barre ascendante en lieu et place de l'oreille et la boucle descendante comme une queue. Les palindromes – des mots qu'on épelle de la même manière à l'endroit qu'à l'envers, comme *mum* (maman) et *noon* (midi) – me semblaient spécialement beaux et comptaient parmi mes préférés.

Depuis mon entrée à l'école, j'ai développé un grand amour et une fascination pour les contes. Les intrigues et les illustrations très détaillées remplissent mon esprit d'images mentales : villes submergées par du porridge et princesses dormant sur des lits hauts d'une centaine de matelas (avec un petit pois en dessous). L'un de mes contes préférés était le fameux *Rumpelstiltskin* des frères Grimm. Au moment d'aller me coucher, j'adorais entendre mes parents lire à haute voix les noms à consonance exotique que la reine devine être ceux du petit homme étranger qui cherche de l'or : Kasper, Melchior, Belshazzar, Sheepshanks, Cruiskhanks, Spindleshamks...

Un autre conte qui me touchait beaucoup : *La Soupe aux cailloux*. Un soldat errant arrive dans un village et demande le gîte et le couvert. Les villageois, avares et peureux, ne lui donnent ni l'un, ni l'autre. Le soldat déclare qu'il va donc faire de la soupe de cailloux et qu'il n'a besoin de rien sinon d'un chaudron, d'eau et d'un caillou. Les villageois se rassemblent et le soldat commence à préparer sa soupe en se pourléchant les babines à l'avance. « Bien sûr, la soupe de cailloux est meilleure avec du chou », feint de se dire à lui-même le soldat à voix haute. L'un des villageois approche et lui tend un chou. Alors le soldat dit : « Un jour, j'ai eu de la soupe de cailloux avec du chou et un peu de bœuf salé : un festin de roi ! » Convaincu, le boucher du village lui apporte un peu de bœuf salé et, un par un, les autres villageois lui fournissent des pommes de terre, des oignons, des carottes, des champignons jusqu'à ce qu'il fasse un mets délicieux pour tout le village. À l'époque, je trouvais l'histoire assez intrigante parce que je ne comprenais pas pourquoi le soldat prétendait faire une soupe avec une pierre dans la seule intention de tromper les villageois. Ce n'est que plusieurs années plus tard que je compris finalement le sens de l'histoire.

Mais certaines fictions m'effrayaient trop. Une fois par semaine, on apportait la télévision dans la classe et nous regardions un programme éducatif : *Look and Read*. Il s'agissait d'une série d'émissions pour enfants de la BBC, très populaire, et l'une des plus regardées – *les Tours obscures* (*Dark Towers*) – mettait en scène une jeune fille, aidée de son chien, qui cherchait le trésor caché d'une vieille maison inquiétante qu'on appelait Les Tours obscures.

Dans le premier épisode, la jeune fille, Tracy, découvre la demeure et apprend qu'elle est hantée. À la fin de l'épisode, un portrait de famille commence à s'animer et la pièce devient très froide. Tracy entend une voix qui lui dit que la maison est en danger et qu'elle doit la sauver. Je me souviens avoir vu cet épisode, en silence, mes jambes se balançant doucement sous la chaise. Je n'ai ressenti aucune émotion jusqu'à la fin, et, d'un seul coup, ce fut comme un bouleversement à l'intérieur de ma tête. Je réalisai soudain que j'étais terrifié. Très agité, je sortis de la classe, refusant d'y rentrer tant que la télévision n'en aurait pas été retirée. En y repensant, je peux comprendre pourquoi les autres élèves m'ont taquiné et m'ont appelé « Bébé-qui-pleure ». J'avais presque 7 ans et aucun autre enfant de la classe n'avait été le moins du monde gêné ou effrayé par l'épisode. Alors, chaque semaine, on me conduisait dans le bureau du directeur et j'attendais le temps que le reste de la classe regarde la série. Le directeur disposait d'une petite télévision dans son bureau et je me souviens d'avoir regardé des courses automobiles : les voitures tournaient en rond sur le circuit, très très vite. Ça, au moins, c'était un programme que je pouvais regarder.

Je me souviens d'un autre programme de l'émission *Look and Read* qui m'a beaucoup perturbé. Il s'agissait d'*À travers l'œil du dragon*. Trois enfants entraient à l'intérieur d'une fresque qu'ils avaient peinte sur le mur d'un terrain de jeux et rejoignaient une étrange contrée appelée Pelamar. Ce monde était en train de mourir et les enfants étaient censés retrouver sa force vitale – une structure hexagonale incandescente qui avait été éparpillée au loin par une explosion – avec l'aide d'un dragon amical appelé Gorwen.

Grâce à lui, les enfants parcouraient le pays à la recherche des parties manquantes.

Je ne fis pas de caprice. J'étais plus vieux, j'avais dix ans, mais le programme en lui-même me fascinait. Visuellement, c'était très beau, les enfants étaient entourés de paysages variés et de couleurs riches, pendant leur traversée du pays magique. Un certain nombre de personnages de la série – gardiens de la force vitale – étaient peints, de la tête aux pieds, de couleurs vives –, violet, orange et vert. Il y avait une énorme souris qui parlait et une chenille géante. À un certain moment, des flocons de neige tombaient dans les mains des enfants et se métamorphosaient en lettres, qui formaient des mots (un indice pour retrouver les parties manquantes de la force vitale). Dans une autre scène, les étoiles se transformaient en signalisation lumineuse pour le dragon Gorwen. Des scènes comme celle-ci me fascinaient parce que l'histoire était dite avant tout par l'image, ce que j'assimilais mieux, bien mieux qu'un dialogue.

Regarder la télévision à la maison devint une part importante de ma routine d'après-école. Ma mère me rappelle parfois que j'étais toujours assis très près de l'écran et que je me mettais en colère si elle essayait de me reculer un peu, pour me protéger les yeux. Même par temps très chaud, je gardais toujours mon manteau après être rentré de l'école : je le portais pendant que je regardais mes émissions, parfois plus longtemps encore. Je pense que c'était comme une protection supplémentaire contre le monde extérieur, comme un chevalier et son armure.

Pendant ce temps, la famille s'agrandissait. Mes parents n'étaient pas du tout religieux, ils adoraient tout simplement les enfants et avaient toujours voulu fonder une grande famille. Une sœur, Claire, était née le mois où j'avais commencé l'école, suivie deux ans plus tard par mon second frère, Steven. Peu de temps après, ma mère découvrit qu'elle était encore enceinte, de son cinquième enfant, mon frère Paul, et nous dûmes déménager dans une plus grande maison. Tout d'abord, je réagis peu à l'extension de cette bande de frères et sœur, je continuai à m'amuser tout seul, assis dans la quiétude de ma chambre pendant qu'ils criaient, jouaient et couraient dans l'escalier et dans le jardin. Mais leur présence, finalement, eut une influence très positive sur moi : elle me força à développer petit à petit des aptitudes sociales. Avoir toujours des gens autour de moi m'aida à me faire au bruit et au mouvement. En regardant silencieusement, depuis la fenêtre de ma chambre, mes frères, ma sœur et leurs amis qui jouaient ensemble, je commençais également à comprendre comment entrer en interaction avec d'autres enfants.

Nous déménageâmes au milieu de l'année 1987 pour Hedingham Road, au numéro 43. Les trois adresses de mon enfance étaient des nombres premiers : 5, 43,181. Mieux, nos voisins étaient des nombres premiers eux aussi : 3 (et 7), 41, 179. De telles paires de nombres premiers sont appelées « nombres premiers jumeaux » – des nombres premiers qui ne diffèrent que de 2. Les nombres premiers jumeaux deviennent d'autant plus rares que les nombres sont importants. Par exemple, trouver des voisins dont le numéro de la porte soit premier et commence par 9, réclame une très longue rue : la première paire est 9 011 et 9 013.

L'année de notre déménagement fut marquée par un temps exceptionnellement rigoureux. Le mois de janvier connut les températures les plus basses du Sud de l'Angleterre depuis un siècle. Elles tombèrent à −13° à certains endroits. Le froid apporta d'énormes chutes de neige et des jours sans école. Dehors, les enfants se lançaient des boules de neige et faisaient de la luge, mais je me contentais de rester assis à ma fenêtre à regarder les flocons qui tombaient et voletaient depuis le ciel. Plus tard, quand tout le monde était rentré, je m'aventurais dehors tout seul et je faisais des colonnes de neige d'un peu plus d'un mètre de haut, toutes identiques. Depuis ma fenêtre, je voyais qu'elles formaient un cercle – ma figure préférée. Un voisin, qui vint à la maison, dit à mes parents : « Votre fils a fait Stonehenge en neige[1]. »

1987 fut aussi l'année de la grande tempête d'octobre, la plus grave du Sud-Est de l'Angleterre depuis 1703. Les vents atteignirent cent cinquante kilomètres à l'heure à certains endroits. Dix-huit personnes moururent. Cette nuit-là, je n'arrivai pas à trouver le sommeil. Mes parents m'avaient récemment acheté un nouveau pyjama et le tissu me démangeait ; je n'arrêtais pas de me retourner dans mon lit. Ayant entendu le bruit de quelque chose qui se cassait, je me levai : les tuiles

---

1. Stonehenge est un site mégalithique de Grande-Bretagne très célèbre, constitué de grandes pierres dressées vers le ciel.

étaient arrachées par le vent et tombaient dans la rue. Je grimpai sur l'appui de la fenêtre et regardai dehors : tout était noir comme poix. Il faisait chaud, aussi, de manière tout à fait inhabituelle à cette époque de l'année, mes mains étaient moites et collaient. J'entendis un grincement provenant de ma chambre. La porte s'ouvrit et je vis entrer une lumière orange et tremblotante au bout d'une longue bougie blanche. Je la fixai, puis une voix, celle de ma mère, me demanda si j'allais bien. Je ne dis rien parce qu'elle tenait la bougie devant elle et que je me demandais si elle était en train de me l'offrir – comme la bougie rouge et brillante du gâteau qu'elle m'avait fait pour mon dernier anniversaire – mais je n'en voulais pas parce que ce n'était pas encore mon anniversaire.

« Tu veux un peu de lait chaud ? »

J'opinai et je la suivis lentement dans l'escalier et jusque dans la cuisine. Il faisait sombre partout parce que l'électricité avait été coupée et qu'aucune lampe ne fonctionnait. Je m'assis à table avec ma mère et je bus le lait recouvert de mousse qu'elle avait versé dans ma tasse préférée, décorée de plein de pois de couleur et que j'utilisais pour toutes les boissons. Après, elle me ramena dans ma chambre, je grimpai dans mon lit, mis les couvertures sur ma tête et m'endormis.

Le matin, je fus réveillé par mon père qui me dit qu'il n'y aurait pas école, aujourd'hui. Regardant par la fenêtre de ma chambre, je vis les tuiles brisées du toit, les poubelles répandues sur la rue et de petits groupes gens qui parlaient en secouant la tête.

La famille s'était massée dans la cuisine et regardait le jardin, derrière la maison. Le grand arbre du fond avait été déraciné par le vent. Il allait falloir scier et déplacer ses branches et ses racines. En attendant, je passai beaucoup d'heures de bonheur, tout seul, à escalader le tronc de l'arbre et à me cacher dans ses branches – rentrant à la maison invariablement crotté, couvert d'insectes et d'éraflures.

La maison de Hedingham Road était juste en face de mon école : je voyais la place de parking du maître depuis la fenêtre de ma chambre, cela me rassurait. Chaque jour, après l'école, je courais dans ma chambre pour regarder partir les voitures. Je les comptais et mémorisais les plaques minéralogiques. Quand la dernière voiture était enfin partie, je quittais la fenêtre et descendais pour le dîner.

Mon souvenir le plus vivant de cette maison est celui des couches qui sèchent devant le feu, les bébés qui pleurent sur les genoux de mes parents parce qu'ils réclament du lait. Un an après le déménagement, ma mère accoucha une sixième fois, de jumelles. Aux yeux de ma mère, Maria et Natasha furent un surcroît bienvenu dans la famille : elle trouvait que quatre garçons et une seule fille, ce n'était pas vraiment la parité. Quand ma mère revint de l'hôpital, elle me cria de descendre pour voir mes nouvelles petites sœurs. C'était en juillet – au plus fort de l'été – et je peux dire qu'elle avait chaud, parce qu'elle avait des cheveux collés sur son front. Mon père me dit d'aller m'asseoir sur la causeuse du salon et de me tenir droit. Puis, lentement, il prit les bébés dans ses bras et les plaça avec précaution dans mes bras. Je les regardai : elles avaient de grosses joues et de petits doigts, elles étaient habillées de hauts roses assortis, avec des petits boutons en plastique. L'un des boutons était ouvert, je le refermai.

La taille de notre famille entraîna une série de défis. L'heure du bain était une vraie bousculade : il y avait foule. Tous les dimanches soir, à six heures, mon père remontait ses manches et appelait les garçons (mes frères Lee, Steven et Paul et moi) pour nos ablutions hebdomadaires. Je détestais le moment du bain : devoir partager la même eau que mes frères, l'eau chaude savonneuse versée d'une jarre au-dessus de mes cheveux et de mon visage, mes frères qui s'éclaboussaient, la vapeur moite qui remplissait la pièce... Je pleurais souvent, mais mes parents insistaient pour que je me baigne avec les autres. L'eau chaude était une denrée rare.

Comme l'argent. Avec cinq enfants de moins de 4 ans, mes parents devaient rester tous les deux à la maison pour s'occuper de la famille. L'absence d'un salaire fixe mit beaucoup de pression à la fois sur ma mère et sur mon père. Les disputes sur la façon, l'endroit et le moment de dépenser l'argent devinrent courantes. Pourtant, mes parents firent tout ce qu'ils purent pour que les enfants ne manquent de rien, ni de nourriture, ni de vêtements, de jouets ou de livres. Ma mère marchanda dans les boutiques d'occasion, les ventes de charité et les marchés. Elle en fit un art. Mon père, quant à lui, se révéla très adroit pour tous les travaux domestiques. C'était une équipe formidable.

Autant que possible, je restais à l'écart de la pagaille quotidienne. La chambre que je partageais avec mon frère Lee était l'endroit où ma famille savait qu'elle pouvait me trouver, quel que soit le moment de la journée. Même l'été, quand mes frères et sœurs couraient ensemble sous le soleil, je restais assis par terre, jambes croisées et mains sur mes genoux. Le tapis était épais, pelucheux et profond. Je frottais souvent le dos de mes mains contre sa surface parce que j'aimais sentir sa texture sur ma peau. Pendant les périodes chaudes, la lumière du soleil envahissait la chambre, brillante, révélant les nuages de poussière flottant dans l'air autour de moi comme si la lumière elle-même était solide. Je m'asseyais, calme et silencieux, pendant des heures, je voyais bientôt les différentes teintes qui se mélangeaient, le flux et le reflux des couleurs sur les murs et les meubles à mesure que le jour passait. Je regardais couler le temps.

Connaissant mon obsession des nombres, ma mère m'offrit un livre de problèmes mathématiques pour les enfants, déniché dans une boutique d'occasions. Je me souviens que c'était au moment où je commençais l'école primaire, parce que Mr Thraves – mon instituteur – me menaça de représailles si j'apportais le livre en classe. Il estimait que je passais trop de temps à penser aux nombres et pas assez à participer à la vie de la classe avec les autres – et bien sûr, il avait raison.

L'un des exercices du livre était celui-ci : il y a vingt-sept personnes dans une pièce et chacune serre la main aux autres. Combien y a-t-il de poignées de main ?

Quand je lisais cet exercice, je fermais les yeux et imaginais deux hommes dans une grande bulle, puis une moitié de bulle coincée dans le flanc de cette première bulle, avec une troisième personne dedans. Le couple de la grande bulle se serrait la main puis serrait celle du troisième homme de la moitié de bulle. Cela signifiait trois poignées de main pour trois personnes. Puis j'imaginais une deuxième moitié de bulle avec une quatrième personne. Les deux personnes de la grande bulle devaient lui serrer la main, puis la première personne de la première moitié de bulle. Cela faisait six poignées de main pour quatre personnes. Je continuais de la même façon, imaginant deux hommes supplémentaires, chacun dans sa moitié de bulle, de façon à faire six personnes et quinze poignées de main. La suite de poignées de main ressemblait à cela :

    1, 3, 6, 10, 15...

Et je réalisais qu'il s'agissait de nombres triangulaires. Ce sont des nombres que l'on peut arranger de façon à former un triangle quand on les représente selon une série de points. Ainsi :

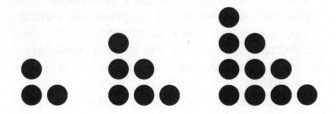

Les nombres triangulaires se forment de la sorte : 1 + 2 + 3 + 4 + 5... sachant que 1 + 2 = 3, 1 + 2 + 3 = 6, 1 + 2 + 3 + 4 = 10, etc. On remarque que deux nombres triangulaires consécutifs font un carré, ainsi 6 + 10 = 16 (x 4) et 10 + 15 = 25

(5 x 5). Pour s'en rendre compte, il suffit de renverser le 6, de sorte qu'il s'adapte dans le coin droit au-dessus du 10.

Ayant compris que la réponse au problème des poignées de main était un nombre triangulaire, j'en déduisis un modèle qui allait m'aider à trouver la solution. Tout d'abord, je savais que le premier nombre triangulaire – 1 – commençait avec deux personnes, le minimum pour une poignée de main. Si la suite de nombres triangulaires commençait à deux personnes, alors le vingt-sixième nombre de la suite devait coïncider avec le nombre de poignées de main générées par trente-sept personnes se serrant la main.

C'est alors que je vis que 10, le quatrième nombre de la suite, avait un rapport avec 4 : 4 + 1 x 4/2, et cela valait pour tous les nombres de la suite. Par exemple 15, le cinquième nombre triangulaire = 5 + 1 x 5/2. Alors la réponse au problème équivalait à 26 + 1 x 26/2 = 27 x 13 = 351 poignées de main.

J'adorais résoudre ces problèmes. Ils m'emmenaient dans des régions mathématiques que l'école n'abordait pas. Je passais des heures à travailler et à réfléchir à la question, en classe, dans la cour de récréation ou à la maison. Dans ces pages, je trouvais le sens du plaisir et la paix. Pour un temps, le livre de problèmes et moi fûmes inséparables.

L'une des plus grandes sources de frustration de mes parents était mon obsession des collections. Je collectionnais différentes choses, comme les marrons brillants et bruns qui à l'automne tombaient en grande quantité des arbres qui bordaient la longue route près de la maison. Du plus loin que je me souvienne, les arbres ont toujours été objets de fascination. J'adorais frotter la paume de mes mains contre leur écorce grossière et ridée et je passais le bout de mes doigts le long de leurs rainures. Les feuilles tombaient en traçant des spirales dans l'air, comme les spirales que je voyais dans ma tête quand je faisais des divisions.

Mes parents n'aimaient pas que je sorte seul. Aussi je collectais les marrons avec mon frère Lee. Je n'avais rien contre, c'était une paire de mains supplémentaire. Je prenais chaque marron entre mes doigts et je pressais sa forme lisse et ronde contre le fond de ma paume (une habitude que j'ai gardée aujourd'hui – le toucher agit comme un calmant, même si aujourd'hui j'utilise plutôt de la monnaie ou des billes). Je remplissais mes poches de marrons, un par un, jusqu'à ce qu'elles soient pleines et gonflées. C'était comme une compulsion, je devais collecter tous les marrons que je pouvais trouver et les rassembler tous ensemble à un même endroit. J'enlevais mes chaussures et mes chaussettes et les remplissais aussi de marrons, marchant pieds nus jusqu'à la maison, avec mes mains, mes bras et mes poches pleins jusqu'à déborder.

Une fois à la maison, je répandais les marrons sur le sol de ma chambre, les comptais et les recomptais. Mon père arrivait alors avec un sac-poubelle et m'aidait à les compter. Je passais des heures tous les jours à ramasser les marrons et à les ramener dans ma chambre, remplissant rapidement des sacs que je mettais dans un coin. Il arrivait que mes parents, de peur que le poids des marrons collectés puisse endommager le plafond de la pièce en dessous de la mienne, prennent les sacs et les entreposent dans le jardin. Ils étaient indulgents avec mon obsession, m'autorisant à continuer de ramasser et de collectionner les marrons, en revanche ils m'interdisaient de jouer avec à la maison car ils ne voulaient pas que l'une de mes petites sœurs en trouve un par terre et s'étouffe. À mesure que les mois passèrent, mon obsession disparut, les marrons moisirent et mes parents les firent porter à la décharge municipale.

Peu de temps après, je me mis à collectionner des dépliants publicitaires, de toutes tailles. On les déposait dans notre boîte aux lettres avec le journal local ou le quotidien du matin, et j'étais fasciné par leur aspect brillant et leurs formes symétriques (je me moquais de savoir de quoi l'on vantait les mérites, le texte n'avait aucun intérêt pour moi). Mes parents se plaignirent bientôt des piles qui s'accumulaient, instables, dans tous les tiroirs et sur toutes les étagères des placards de la maison, et tout spécialement quand ils s'éparpillaient sur le sol en ouvrant la porte d'un placard. Comme avec les marrons, ma manie des dépliants s'estompa progressivement avec le temps, au grand soulagement de mes parents.

Quand j'étais sage, j'étais récompensé avec de l'argent de poche. Par exemple, s'il y avait des dépliants par terre, on me demandait de les ramasser et de les ranger dans un tiroir. En retour, mes parents me donnaient un peu de petite monnaie, beaucoup de pièces, parce qu'ils savaient combien j'aimais tout ce qui était circulaire. Je passais des heures à empiler difficilement les pièces jusqu'à ce qu'elles ressemblent à des tours tremblantes et brillantes de quelques dizaines de centimètres de haut. Ma mère demandait toujours plein de petite monnaie dans les magasins de sorte que je puisse toujours en avoir un stock pour mes tours. Parfois, je bâtissais plusieurs piles de hauteur égale autour de moi, en forme de cercle au centre duquel je m'asseyais, cerné de toutes parts, apaisé et rassuré.

Lorsque les Jeux Olympiques débutèrent à Séoul en Corée du Sud, en septembre 1988, ce que j'en vis et ce que j'en entendis à la télévision me fascina comme jamais auparavant. Avec 8 465 participants venus de 159 pays, c'étaient les plus grands Jeux Olympiques de l'histoire. Je vis des choses extraordinaires : des nageurs repoussant l'eau écumante et scintillante à chaque brasse, leur tête à lunettes s'enfonçant et se relevant en rythme ; des sprinters aux jambes et aux bras musculeux, hâlés, dont l'image se brouillait tant ils couraient vite ; des gymnastes bondissants qui se déformaient en faisant des sauts périlleux. J'étais captivé par la retransmission télévisée des Jeux Olympiques et j'en regardais le plus possible, installé dans le salon, quels que soient le sport ou l'épreuve.

L'instituteur demanda à la classe de constituer un dossier sur les jeux de Séoul : c'était ma chance. Je passai les semaines suivantes à découper dans les journaux et les magazines, puis ensuite à coller, des centaines de photos d'athlètes et d'événements sur des feuilles de carton de couleur, mon père m'aidant pour les ciseaux. J'organisais le collage selon une logique exclusivement visuelle : les athlètes en rouge sur une même page, les athlètes en jaune sur une autre, ceux en blanc sur une troisième, et ainsi de suite. Sur des feuilles de papier quadrillé, plus petites, je notai de ma plus belle écriture la longue liste des noms des pays participants que je trouvai dans les journaux. Je fis aussi la liste de toutes les différentes épreuves, y compris le taekwondo – le sport national coréen – et le tennis de table qui était pour la première fois en compétition officielle à Séoul. Je dressai également des listes de statistiques et de scores : points gagnés, temps de course, records battus et médailles remportées. À la fin, il y avait tellement de pages manuscrites et de collages que mon père dut les attacher avec une ficelle. Sur la couverture, je dessinai les anneaux olympiques bleu, jaune, noir, vert et rouge. Pour récompenser mes efforts et le temps que j'y avais passé, l'instituteur me donna la note maximale.

Avoir lu tant de choses me poussa à en apprendre plus sur les pays représentés aux Jeux

Olympiques. Je me souviens d'avoir emprunté à la bibliothèque un livre sur les différentes langues dans le monde. À l'intérieur il y avait une description et des exemples de l'ancien alphabet phénicien qui remonte à mille ans avant J.-C. On pense qu'il est à l'origine de plusieurs systèmes alphabétiques modernes, dont l'hébreu, l'arabe, le grec et le cyrillique. Comme l'arabe et l'hébreu, le phénicien est un alphabet consonantique : il ne symbolise pas les voyelles, qui se déduisent du contexte. Fasciné par les lignes et les courbes des différentes lettres, je commençai même à remplir des carnets de longues phrases et d'histoires exclusivement en écriture phénicienne. Utilisant des morceaux de craie de couleur, je recouvris l'intérieur des murs de notre remise de jardin de mes mots favoris écrits en lettres phéniciennes. Par exemple, ci-dessous, mon prénom, Daniel, en phénicien :

L'année suivante, quand j'eus 10 ans, un vieux voisin mourut et une jeune famille vint s'installer à sa place. Un jour, ma mère ouvrit la porte à une petite fille aux cheveux blonds qui lui dit qu'elle avait vu jouer, dans le jardin, une petite fille de la maison (il s'agissait de ma sœur Claire). Elle demanda si elle pouvait venir s'amuser avec elle. Ma mère nous la présenta, à ma sœur et à moi – elle pensait que ce pouvait être une bonne occasion pour moi de me mêler aux enfants du voisinage –, et nous sortîmes nous installer sur le perron de sa maison. Ma sœur et la petite fille devinrent bientôt de bonnes amies et jouèrent ensemble souvent dans son jardin. Son nom était Heidi et elle avait 6 ou 7 ans. Sa mère était finlandaise, mais son père étant originaire d'Écosse, Heidi avait été élevée en anglais et ne faisait que commencer à apprendre ses premiers mots de finnois.

Heidi avait plusieurs livres pour enfants avec des dessins colorés et brillants et des mots finnois qui correspondaient à l'objet représenté. Sous le dessin d'une pomme rouge et brillante, il y avait *omena*, et sous une chaussure, *kenkä*. Parfois les mots finnois que je lisais ou que j'entendais me semblaient beaux. Pendant que ma sœur et Heidi jouaient ensemble, je m'asseyais et m'absorbais dans les livres, pour en apprendre chaque mot. Bien qu'ils soient différents des mots anglais, j'étais capable de les apprendre très rapidement et de les retenir facilement. Dès que je quittais le jardin de Heidi, je me retournais toujours pour lui dire *Hei, hei !* – le mot finnois pour « au revoir ».

Cet été-là, on me permit pour la première fois de faire le trajet de l'école tout seul. De longues rangées de haies bordaient la route, et un soir, en rentrant à la maison, je remarquai un petit insecte rouge couvert de points noirs, qui rampait. Je fus fasciné, et je m'assis sur le trottoir pour le regarder de près se glisser sur et sous chaque petite feuille et chaque branche, s'arrêtant, repartant et s'arrêtant encore à différentes étapes de son voyage. Son petit dos était rouge et lumineux, et je comptais et recomptais ses points, encore et encore. Il y avait des passants dans la rue qui s'arrêtaient autour de moi, certains marmonnaient sous cape. Je devais gêner leur passage, mais sur le moment, je ne pensais qu'à la coccinelle devant moi. Avec précaution, je la fis grimper sur mes doigts, puis courus jusqu'à la maison.

J'avais déjà vu des coccinelles en photo dans les livres, mais je me mis à tout lire pour tout savoir sur elles. Par exemple qu'elles étaient considérées comme porte-bonheur dans beaucoup de cultures parce qu'elles dévoraient les insectes nuisibles (elles pouvaient manger jusqu'à cinquante ou soixante pucerons par jour) et qu'elles aidaient à protéger les récoltes. Au Moyen Âge, les fermiers considéraient leur aide comme un cadeau de Dieu : c'est pour cette raison qu'ils les nommèrent « bêtes à bon Dieu[1] ». Les points noirs sur leur dos absorbent l'énergie solaire et leur couleur effraie les éventuels prédateurs qui associent, pour la plupart, les couleurs vives au poison. Les coccinelles produisent aussi une substance chimique qui a un goût et une odeur horribles, de sorte que les prédateurs les laissent tranquilles.

J'étais très excité par ma trouvaille et je voulus collectionner le plus grand nombre possible de coccinelles. Ma mère vit le petit insecte dans ma main quand je revins à la maison : elle me dit

---

1. En anglais, « coccinelle » se dit « ladybird », littéralement « oiseau de la Vierge ».

que ces petites bêtes étaient « collantes », que je devais dire « coccinelle, coccinelle, rentre chez toi ». Mais je me gardai bien de le dire parce que je ne voulais pas qu'elle rentre chez elle. Dans ma chambre, il y avait une boîte en plastique, dans laquelle je gardais ma collection de pièces de monnaie. Je la vidai, faisant un tas de mes pièces sur le sol. Puis je pris la coccinelle pour la mettre à l'intérieur. Ensuite, je retournai dans la rue et passai plusieurs heures, jusqu'à ce qu'il fasse nuit, à fouiller les haies à la recherche d'autres coccinelles. Dès que j'en trouvais une, je la prenais doucement du bout des doigts et je la mettais avec les autres, dans la boîte. J'avais lu que les coccinelles aimaient les feuilles et les pucerons. Je leur donnais donc des feuilles et quelques orties, que je trouvais près des haies, avec des pucerons dessus.

Quand je rentrai à la maison, je montai dans ma chambre et posai la boîte sur ma table de nuit. J'utilisai une aiguille pour faire quelques trous afin que les coccinelles aient de l'air et de la lumière dans leur nouvelle maison, et je mis enfin un livre sur la boîte pour qu'elles ne s'envolent pas dans toute la maison. La semaine suivante, à la fin de la journée, en rentrant de l'école, je ramassais toujours plus de feuilles et de pucerons pour les coccinelles. J'humidifiais certaines des feuilles pour que mes protégées n'aient pas soif.

En classe, je parlais tant de mes coccinelles que mon instituteur, exaspéré, Mr. Thraves, me demande de les apporter. Le jour suivant, je pris la boîte avec moi et montrai ma collection de coccinelles à l'instituteur et à toute la classe. À ce moment-là, il y avait des centaines de coccinelles dans la boîte. Il jeta un regard et me demanda de poser la boîte sur son bureau. Il me donna un bout de papier plié en quatre et m'envoya dans la classe d'à côté le remettre à l'instituteur. Je restai absent quelques minutes. À mon retour, la boîte avait disparu. Mr. Thraves, qui redoutait que les coccinelles s'échappent dans la classe, avait dit à l'un des enfants d'emporter la boîte dehors et de relâcher toutes les coccinelles. Quand je me rendis compte de ce qui était arrivé, je sentis que ma tête allait exploser. J'éclatai en sanglots et je m'enfuis de la classe en courant jusqu'à la maison. Tout à fait désorienté, je n'adressai plus la parole à l'instituteur pendant des semaines, cédant à la panique dès qu'il disait mon nom.

À d'autres occasions, Mr Thraves pouvait être exceptionnellement gentil avec moi. Si j'étais anxieux ou stressé, il m'emmenait dans la salle de musique de l'école pour m'aider à me calmer. Il était musicien et jouait souvent de la guitare pour les enfants pendant ses cours. La salle de musique était remplie d'instruments utilisés par l'école pour ses différents spectacles pendant l'année, dont des cymbales, des tambours et un piano. Il m'expliqua de quelle manière les touches du piano produisent des sons différents et me montra des morceaux simples à jouer. J'aimais aller dans la salle de musique et m'asseoir au piano pour essayer les touches. J'ai toujours aimé la musique, parce qu'elle apaise toutes mes angoisses et me donne une sensation de calme et de paix.

Des sentiments de grande anxiété étaient courants pour moi quand j'étais à l'école. La simple annonce d'un événement organisé et auquel chacun devait participer me rendait nerveux, de même que les changements dans la routine de la classe. La prévisibilité était importante pour moi : c'était une façon d'avoir le contrôle sur une situation donnée, un moyen de tenir en échec l'anxiété, au moins temporairement. Je n'étais jamais à l'aise à l'école et je me sentais rarement heureux, sauf quand on me laissait m'occuper tout seul. Les maux de tête et de ventre étaient souvent le signe de ma grande tension. Parfois, c'était si fort que je ne pouvais même pas entrer dans la classe, comme lorsque j'avais quelques minutes de retard et que je réalisais que les élèves étaient déjà sous le préau, pour le rassemblement du matin. Terrifié à l'idée de traverser le préau tout seul et ne voulant pas attendre la sortie bruyante des enfants pour retourner en classe après, je rentrais tout droit à la maison et me réfugiais dans ma chambre.

Le jour du grand tournoi sportif de l'école[1] était la source d'un stress considérable. Je n'ai jamais eu envie d'y participer et mon intérêt pour le sport approchait de zéro. Ce jour-là, il y avait une multitude de spectateurs qui hurlaient en regardant les épreuves de course en sac ou la course de l'œuf dans la cuillère. Le mélange de la foule et du bruit (qui s'ajoutait souvent à la

1. Les écoles britanniques organisent des *schools annual sport's day* au cours desquels les élèves participent à différentes épreuves ; il existe des *intra-school sport's day* et des *interschool sport's day*.

chaleur estivale), voilà qui était trop pour moi. Mes parents me permettaient souvent de rester à la maison plutôt que de me voir fondre au soleil. Quand je me sentais dépassé par une situation, je pouvais devenir très rouge et frapper très fort le côté de ma tête jusqu'à ce que cela fasse vraiment mal. Je ressentais une telle tension à l'intérieur de moi qu'il fallait que je fasse quelque chose, n'importe quoi, pour l'extérioriser.

C'est ce qui arriva un jour, pendant une leçon de science. Mr. Thraves avait aidé un élève à préparer une expérience avec une boule de pâte à modeler suspendue au bout d'un fil. Cette vision inhabituelle me fascina et – ignorant qu'il s'agissait d'une expérience en cours – j'allai toucher et manipuler la pâte avec mes doigts. À ce moment, mon instituteur, ennuyé par mon intervention injustifiée (du moins est-ce ce qu'il pensait), me dit de m'en aller. Déstabilisé, ne sachant pas pourquoi je me faisais rabrouer, je m'énervai. Je sortis de la classe en claquant la porte derrière moi avec une telle force que la vitre se brisa. Je me souviens encore des cris des enfants derrière moi alors que je quittais la pièce. À la maison, mes parents m'expliquèrent que je devais vraiment essayer de ne pas réagir ainsi. Il leur fallait maintenant aller voir le directeur, écrire une lettre d'excuses et payer le coût du remplacement de la vitre brisée.

Pour mieux gérer mes émotions, mes parents eurent l'idée de m'apprendre à sauter à la corde. Ils espéraient que cela pourrait développer ma coordination et m'encourager à passer plus de temps dehors, hors de ma chambre. Avec quelques efforts, je fus bientôt capable de sauter à la corde durant de longues périodes, pendant lesquelles je me sentais un peu mieux et un peu plus calme. En sautant, je comptais chaque tour de corde et visualisais la forme et la texture des nombres que j'imaginais.

Les travaux d'arithmétique que l'on nous donnait en classe me désorientaient à cause des différents chiffres qu'on écrivait tous de la même façon, en noir. Il me semblait que les sujets étaient couverts d'erreurs. Je ne comprenais pas, par exemple, pourquoi 8 n'était pas plus grand que 6, ou pourquoi 9 était imprimé en bleu plutôt qu'en noir. J'en déduisis que l'école avait imprimé trop de 9 dans ses précédents exercices et qu'ils n'avaient plus l'encre correspondante. Quand j'écrivais mes réponses, mon instituteur se plaignait que mon écriture soit confuse et irrégulière. Il me dit d'écrire les nombres tous de la même façon. Je trouvais que c'était mal les écrire et je n'aimais pas ça. Aucun autre enfant ne semblait s'en émouvoir. C'est seulement à l'adolescence que je réalisai que mon expérience des nombres était très différente de celle des autres enfants.

Je finissais toujours mes calculs bien avant les autres enfants de la classe. Avec le temps, cette avance devint considérable : j'avais terminé le livre d'exercices. On me demandait pourtant de rester assis à ma table, calme, pour ne pas déranger les autres pendant qu'ils finissaient leur devoir. Alors, je mettais ma tête dans mes mains et je pensais aux nombres. Parfois, absorbé dans mes pensées, je me mettais à chantonner doucement, sans réaliser ce que je faisais, jusqu'à ce que l'instituteur vienne me voir pour que cela cesse.

Pour tuer le temps, je créais mes propres codes, en remplaçant les lettres par des nombres. Par exemple, « 24 1 79 5 3 62 » cryptait le mot *Daniel*. Dans ce cas précis j'avais réuni les lettres de l'alphabet par paires – (ab), (cd), (ef), (gh), (ij) etc. – et j'avais donné à chaque paire un numéro de 1 à 13 : (ab) = 1, (cd) = 2, (ef) = 3, (gh) = 4, (ij) = 5, etc. Il restait alors à établir une distinction entre chaque lettre de la paire. Ce que je faisais en adjoignant un nombre au hasard si je voulais la seconde lettre de la paire. Sinon, j'écrivais juste le numéro de la paire. Ainsi « 24 » signifiait la seconde lettre de la deuxième paire, *d*, quand « 1 » représentait la première lettre de la première paire, *a*.

Après avoir demandé la permission à l'instituteur, je rapportais souvent le livre d'exercices à la maison, après l'école. Je m'allongeais à plat ventre sur le sol de ma chambre avec le livre ouvert devant moi et je faisais des opérations pendant des heures. Une fois, mon frère Lee était dans la chambre en train de me regarder. Sachant que j'aimais multiplier un nombre par lui-même, il m'en donna quelques-uns à faire, vérifiant le résultat à l'aide d'une calculette. 23 ? 529. 48 ? 2 304. 95 ? 9 025. Puis il me proposa une opération bien plus compliquée : 82 x 82 x 82 x 82 ? Je réfléchis pendant une dizaine de secondes, mes mains crispées l'une sur l'autre et ma tête remplie de formes, de couleurs et de textures. « 45 212 176 », répondis-je. Mon frère ne dit rien et je levai les yeux. Son visage était différent : il souriait. Lee et moi n'avions jamais été proches jusqu'à ce moment-là. C'était la première fois que je l'ai vu me sourire.

Le dernier été à Dorothy Barley, les instituteurs organisèrent un voyage d'une semaine pour certaines classes, dont la mienne, à Trewern, un centre d'hébergement en plein air, dans la campagne, à la frontière entre l'Angleterre et le pays de Galles. Mes parents pensaient que ce serait une bonne occasion pour moi de faire l'expérience d'un environnement différent pendant quelques jours. Un long bus brillant avec un chauffeur qui sentait le tabac vint chercher les enfants et les instituteurs. Mon père m'avait aidé à faire une valise de mes vêtements et de mes livres pour le voyage et vint me voir partir.

Au centre, les enfants furent répartis en petits groupes et l'on attribua à chacun un petit chalet pour la semaine. Chaque chalet avait juste assez de place pour des lits superposés, un lavabo, une table et des chaises. Je détestais être loin de la maison parce que tout était confus et que je trouvais difficile de gérer des changements trop nombreux. On voulait que nous nous levions très tôt – à environ 5 heures tous les matins – pour courir autour du champ en T-shirt et en short. J'avais toujours très faim car le centre ne semblait pas avoir la nourriture que je mangeais à la maison, comme les céréales Weetabix ou les sandwiches au beurre de cacahuète. J'avais également peu de temps pour moi, car nous étions supposés prendre part à des activités collectives tous les jours.

La promenade en poney était l'une de ces activités, organisée par les écuries locales. On nous montrait comment monter un poney et nous partions faire une balade sur les sentiers de la région, accompagnés par un guide. Je trouvais très difficile de garder mon équilibre sur un poney et je ne cessais de glisser de ma selle, de sorte que je m'accrochais aux rênes pour ne pas tomber. L'une des propriétaires des écuries me vit et se mit très en colère. Elle me cria dessus. Elle aimait passionnément ses poneys, mais je ne comprenais pas, à ce moment-là, ce que j'avais fait de mal. J'étais bouleversé. Je ne savais pas que tenir mes rênes aussi court pouvait blesser la bouche de l'animal. Après cela, je battis de plus en plus en retraite, passant le plus de temps possible tout seul dans le chalet.

Il y eut d'autres activités collectives, dont la visite d'une grotte. Il faisait noir partout, nous devions donc porter des casques avec une lampe dessus. La caverne était froide, humide et limoneuse et je fus content d'en sortir par un pont en rondins au-dessus d'un ruisseau. Alors que je progressais lentement sur le pont, un des garçons du groupe courut en sens inverse en riant et me poussa si fort que je tombai dans l'eau. Le choc me rendit silencieux pendant un long moment et je restai assis dans le ruisseau, les vêtements trempés et collés à la peau. Puis je sortis de l'eau et rentrai tout seul dans le chalet, le visage cramoisi, tentant désespérément de ne pas pleurer à cause de cette perte de contrôle. S'investir était un problème parce que j'étais différent et solitaire. Certains des enfants me houspillaient ou me taquinaient parce que je n'avais pas d'amis. Heureusement, ils finissaient toujours par s'ennuyer et par partir parce que je refusais de me battre avec eux. De telles expériences renforçaient mon impression d'être d'ailleurs et de ne pas faire partie de ce monde-là.

Un grand événement survint à Trewern. À la fin du séjour, les travailleurs du centre remettaient des prix d'excellence aux différents groupes. Le mien reçut celui du chalet le plus propre.

Ça a toujours été bon d'être à la maison. Je m'y sentais en sécurité et apaisé. Il n'y avait tout simplement aucun autre endroit qui me faisait éprouver la même chose – à part la bibliothèque locale. Depuis que j'ai été capable de lire, j'ai forcé mes parents à m'emmener tous les jours à la porte de ce bâtiment aux murs émaillés de graffitis, avec des pièces remplies d'étagères de livres pour enfants recouverts de plastique et classés selon un code couleur – sans compter les chaises colorées dans les coins. J'allais à la bibliothèque tous les jours après la classe, et pendant les vacances, peu importait le temps qu'il pouvait faire. J'y restais des heures, souvent jusqu'à la fermeture. La bibliothèque était bien tenue, calme et ordonnée, ce qui me procurait toujours un sentiment de satisfaction. Les encyclopédies étaient les livres que je préférais, bien que lourdes à porter, et bien qu'il faille s'asseoir à une table, en face d'un autre enfant. J'adorais apprendre différentes choses, comme les noms des capitales du monde, et faire la liste des noms et des dates des rois et des reines d'Angleterre, ou des présidents des États-Unis – et d'autres futilités du même genre. Les bibliothécaires s'habituèrent à mon apparition quotidienne et discutaient avec mes parents pendant que je lisais. La bibliothécaire en chef fut suffisamment impressionnée par mon assiduité pour me proposer de participer à un concours de lecture. Ce fut moi le vainqueur : mes efforts et mes exploits étaient enfin reconnus. Le maire de la ville me remit le prix – en l'occurrence, un trophée – au cours d'une courte cérémonie à l'hôtel de ville. Quand je vins chercher mon trophée, le maire s'inclina pour me demander mon nom, mais je ne l'entendis pas. Je ne dis rien parce que j'étais trop occupé à compter les maillons de la chaîne qu'il portait en tant que représentant de la municipalité – et je ne suis pas très bon quand il s'agit de faire plus d'une chose à la fois.

5

Bizarre, celui-là !

Je me souviens : je suis debout, tout seul, à l'ombre des arbres qui entourent la cour de l'école, regardant les autres enfants qui courent, qui crient et qui jouent. J'ai dix ans et je sais que je suis différent d'eux, d'une manière que je ne peux exprimer ni comprendre. Les enfants sont bruyants et bougent rapidement, se heurtent et se poussent. Je suis constamment effrayé d'être touché par l'une des balles qui sont fréquemment lancées dans les airs, et c'est l'une des raisons pour laquelle je préfère rester debout dans un coin de la cour, assez loin de mes camarades de classe. Je n'y manque jamais, je le fais à chaque récréation au point que c'est vite devenu une plaisanterie récurrente et qu'il est de notoriété publique que Daniel parle aux arbres et qu'il est bizarre.

De fait, je n'ai jamais parlé aux arbres. Ce n'est pas pertinent de parler à des choses qui ne peuvent pas vous répondre. Je parle à mes chats, mais c'est parce qu'ils peuvent au moins me répondre avec un miaulement. J'aimais passer du temps avec les arbres de la cour parce que je pouvais marcher, absorbé dans mes pensées, sans craindre d'être poussé ou renversé. Ainsi, j'avais le sentiment de disparaître de courts instants derrière chacun des arbres. Non que ça fasse passer le temps plus vite. Simplement, c'était comme si je ne pouvais trouver ma place nulle part, comme si j'étais né dans un autre monde. Le sentiment de ne jamais être tout à fait à l'aise ou en sécurité, d'être toujours d'une certaine manière à part ou exclu, me pesait beaucoup.

Progressivement, je devins plus conscient de ma solitude et j'eus très envie d'avoir un ami. Tous mes camarades de classe en avaient au moins un – et pour la plupart, plusieurs. Je passais des heures éveillé, la nuit, à regarder le plafond et à imaginer ce que ce serait d'avoir un ami. J'étais sûr que d'une manière ou d'une autre, cela me rendrait moins différent. Peut-être alors, pensais-je, les autres enfants ne trouveraient pas que je suis si bizarre. Que mon petit frère et ma petite sœur aient des amis, avec qui ils jouaient après l'école, ne m'aidait pas. Je ne pouvais pas comprendre pourquoi ces enfants ne parlaient pas entre eux de choses vraiment intéressantes comme les pièces de monnaie, les marrons, les nombres ou les coccinelles.

Parfois, d'autres enfants de la classe tentaient de me parler. Je dis « tentaient » parce qu'il était difficile pour moi d'interagir avec eux. L'une des raisons, c'est que je ne savais ni quoi faire ni quoi dire. Presque toujours, je regardais le sol quand je parlais et non mon interlocuteur. Quand je relevais la tête, je tombais sur une bouche qui bougeait en parlant. Parfois, un instituteur me demandait de le regarder dans les yeux. Je relevais la tête, mais cela me demandait beaucoup de volonté et je me sentais mal à l'aise et différent. Quand je parlais à quelqu'un, c'était souvent d'une seule traite, sans m'arrêter. L'idée de faire une pause ou de parler à tour de rôle ne me venait pas.

Je n'étais jamais volontairement impoli. Je ne comprenais pas que le but de la conversation n'est pas de parler uniquement des choses qui vous intéressent. Je parlais avec force détails jusqu'à être vidé de tout ce que j'avais à dire. Je sentais que j'aurais pu éclater si quelqu'un m'avait interrompu. Il ne m'apparut jamais que le sujet dont je parlais puisse ne pas être intéressant pour mon interlocuteur. Je n'ai jamais non plus remarqué s'il commençait à s'impatienter ou à jeter des regards autour de lui. Je continuais à parler jusqu'à ce que l'on me dise quelque chose du genre : « Il faut que j'y aille, maintenant. »

Écouter les autres n'est pas facile pour moi. Quand quelqu'un me parle, j'ai souvent le sentiment d'être en train de chercher une station de radio, et une grande partie du discours entre et sort de ma tête comme des parasites. Avec le temps, j'ai appris à en saisir assez pour comprendre de quoi on me parle, mais c'est parfois problématique quand on me pose une question et que je ne l'écoute pas. Celui qui la pose peut parfois s'ennuyer avec moi, ce qui me met mal à l'aise.

Mes conversations en classe ou dans la cour de récréation étaient souvent vaines car j'avais du mal à rester « dans le sujet ». Mon esprit vagabondait souvent. En partie parce que je me souvenais tellement bien de tout ce que je voyais et de tout ce que je lisais que, s'il y avait une occasion d'en parler, un mot chanceux pouvait suffire à déclencher un flot d'associations d'idées dans mon esprit, comme la chute des dominos. Aujourd'hui, quand j'entends le prénom *Ian*, l'image mentale de quelqu'un que j'ai connu portant ce nom me vient spontanément, sans que j'aie du tout besoin de faire l'effort d'y penser. Puis l'image change et c'est la Mini qu'il conduisait. Puis des scènes du film *Braquage à l'italienne*. La suite de mes pensées n'est pas toujours logique, mais procède souvent d'associations visuelles. À l'école, ces détours et ces associations ont parfois donné l'impression que j'arrêtais d'écouter, et les instituteurs m'ont souvent grondé parce que je n'écoutais pas ou que je ne me concentrais pas assez.

Parfois, j'étais capable d'entendre chaque mot et de saisir chaque détail, et pourtant, je ne répondais pas de manière appropriée. Quelqu'un pouvait me dire : « J'étais en train d'écrire un texte sur mon ordinateur quand j'ai accidentellement appuyé sur le mauvais bouton et tout effacé », et j'entendais qu'il avait appuyé sur un bouton qu'il ne fallait pas ; qu'il était en train d'écrire une rédaction quand c'est arrivé, mais je ne mettais pas en relation les deux choses et je ne saisissais pas la vue d'ensemble – que le texte était à refaire. C'est comme de joindre des points dans un cahier de jeux pour enfants, de voir ce que forment tous les points seulement quand on les a reliés. Je trouve presque impossible de « lire entre les lignes ».

Il m'est aussi difficile de savoir quand il faut répondre à des assertions qui ne sont pas exactement formulées comme des questions. J'ai tendance à n'accepter que l'information pure, ce qui signifie que j'ai dû mal à utiliser le langage dans un contexte social, comme la plupart des gens. Si une personne me dit : « C'est une mauvaise journée », j'ai appris que l'interlocuteur attendait que je lui dise quelque chose comme « Ah, vraiment ? » avant de demander pourquoi c'est une mauvaise journée. J'ai ainsi eu des problèmes en classe quand un professeur pensait que je ne répondais pas, alors qu'en fait je n'avais pas compris qu'on voulait que je donne une réponse. Par exemple, il dit : « Sept fois neuf » en me regardant et bien sûr je sais que la réponse est soixante-trois, mais je ne comprends pas qu'il faut la donner à haute voix. C'est seulement quand le professeur repose sa question de manière explicite : « Combien font sept fois neuf ? » que je vais répondre. Savoir si quelqu'un attend de moi que je réponde à une assertion n'est pas intuitif, et ma capacité à faire certaines choses, comme parler de la pluie ou du beau temps ne m'est venu qu'après beaucoup d'entraînement.

M'entraîner à de telles choses était important pour moi, parce que plus que tout, je voulais être normal et avoir des amis, comme tous les enfants. Quand je maîtrisais une nouvelle compétence, comme regarder l'autre dans les yeux, je me sentais très optimiste parce que j'avais dû travailler dur et que le sentiment d'accomplissement personnel était incroyablement bouleversant.

J'ai dû m'habituer au sentiment de solitude qui rôdait autour de moi dans la cour de récréation. À part marcher parmi les arbres, je passais mon temps à compter les pierres et les chiffres de la marelle. Souvent, je me drapais totalement dans mes pensées, occultant ce que les autres pouvaient voir ou penser. Quand quelque chose me plaisait énormément je joignais mes mains en coupe devant mon visage, tout en pressant mes doigts sur mes lèvres. Parfois mes mains frappaient l'une contre l'autre et claquaient comme un applaudissement. Quand je faisais cela à la maison, ma mère s'énervait et me disait d'arrêter. Mais ce n'était pas volontaire – cela arrivait, c'est tout – et souvent, je ne m'en rendais pas compte jusqu'à ce que quelqu'un me le fasse remarquer.

Même chose quand je parlais tout seul. Souvent, je n'avais pas conscience de ce que j'étais en train de faire. Je trouvais parfois très dur de penser sans parler à voix haute. À chaque fois que je m'absorbe dans mes pensées, c'est extrêmement intense et cela affecte tout mon corps. Je le sens qui se tend. Jusqu'à aujourd'hui, je n'arrive pas à m'empêcher d'agiter mes mains dans tous les sens et de tirer inconsciemment sur mes lèvres quand je suis plongé dans mes pensées. Parler tout seul m'aide à me calmer ou à me concentrer sur quelque chose.

Certains des enfants de la cour de récréation venaient me trouver pour me taquiner en imitant ma main qui battait et en se moquant de moi. Je n'aimais pas quand ils s'approchaient très près de moi et que je sentais leur souffle sur ma peau. Alors, je m'asseyais sur le béton dur et je mettais mes mains sur mes oreilles, attendant qu'ils s'en aillent. Quand je me sentais très stressé, je comptais les carrés de 2 : 2, 4, 8, 16, 32... 1 024, 2 048, 4 096, 8 192... 131 072, 262 144... 1 048 576. Les nombres correspondaient à des formes qui me rassuraient. Depuis que je savais que j'étais vraiment différent, les garçons n'étaient plus très sûrs de la façon de me taquiner et se fatiguèrent bientôt devant mon peu de réaction. Ce n'était pas ce qu'ils attendaient : je ne pleurais pas, je ne m'enfuyais pas en courant. Les noms d'oiseaux continuèrent, mais j'appris à les ignorer.

Les personnes touchées par le syndrome d'Asperger cherchent à se faire des amis, mais ont beaucoup de difficultés à y réussir. Je ressentais très profondément ce sentiment douloureux d'isolement et cela m'était très pénible. Pour compenser ce manque d'amis, je créais les miens propres pour m'accompagner durant mes promenades autour des arbres dans la cour de récréation. Il y en a un dont je me souviens très distinctement encore aujourd'hui. Quand je ferme les yeux, je peux toujours voir son visage – ratatiné mais beau, au moins pour moi. C'était une très grande femme, de plus d'un mètre quatre-vingt, couverte de la tête aux pieds d'un manteau bleu. Son visage était très fin et creusé de rides parce qu'elle était très, très vieille – plus de cent ans. Ses yeux étaient comme d'étroites fentes mouillées et souvent fermés, comme absorbés dans de profondes pensées. Je ne lui demandai pas d'où elle venait, cela n'avait pas d'importance pour moi. Elle me dit qu'elle s'appelait Anne.

Chaque récréation se passait en longues conversations réfléchies avec Anne. Sa voix était douce et toujours gentille, bienveillante et rassurante. Je me sentais calme avec elle. Son histoire personnelle était complexe : elle avait été mariée à un homme nommé John qui avait travaillé comme forgeron. Ils avaient été heureux ensemble, mais n'avaient pas eu d'enfants. John était mort, il y a longtemps, et Anne était seule mais très heureuse de ma compagnie. Je me sentais très proche d'elle, parce qu'il n'y avait rien que je puisse dire ou faire qui l'amènerait à m'aimer mal ou à s'éloigner. Je pouvais me décharger de toutes mes pensées qu'elle écoutait patiemment, immobile, sans jamais m'interrompre ou me dire que j'étais étrange ou bizarre.

Souvent, les conversations que nous avions étaient philosophiques, nous parlions de la vie, de la mort, et de tout ce qu'il y a entre les deux. Nous parlions de mon amour des coccinelles et de mes tours de pièces de monnaie, nous parlions de livres, de nombres, de grands arbres, de géants et de princesses de contes de fées. Parfois, je posais à Anne une question à laquelle elle ne répondait pas. Un jour, je lui demandai pourquoi j'étais tellement différent des autres enfants, mais elle secoua la tête en me disant qu'elle ne pouvait pas répondre. Je pensais que la réponse devait être terrible et qu'elle essayait de me protéger. De sorte que je ne lui posai plus jamais cette question. En revanche, elle me dit de ne pas m'inquiéter des autres garçons et que tout se passerait bien. Elle me disait beaucoup de choses pour me rassurer et cela marchait toujours. Quand je la quittais, je me sentais toujours heureux et apaisé.

Un jour, alors que je marchais comme d'habitude parmi les arbres en frappant leur écorce rugueuse avec mes talons, elle apparut. Elle était silencieuse, d'une manière que je ne lui avais jamais vue. Elle me demanda de la regarder parce qu'elle avait quelque chose d'important à me dire. C'était difficile, mais je levai la tête. Sa bouche était très fermée et son visage, plus doux et plus brillant que les autres fois. Elle ne dit rien pendant plusieurs minutes et puis parla très, très doucement, lentement, m'informant qu'il fallait qu'elle s'en aille et qu'elle ne reviendrait pas. Je devins très nerveux et lui demandai pourquoi. Elle me répondit qu'elle était en train de mourir et qu'elle était venue me dire adieu. Puis elle disparut une dernière fois. Je pleurai jusqu'à l'épuisement, et mon chagrin dura plusieurs jours. Elle m'était très proche et je savais que je ne l'oublierai jamais.

Avec le recul, Anne était la personnification de mes sentiments de solitude et d'incertitude. Elle était le produit de cette part de moi qui voulait affronter mes limites et m'en libérer. En la laissant partir, je prenais la pénible décision d'essayer de trouver ma voie dans le vaste monde et d'y vivre.

Alors qu'après l'école les autres enfants allaient dans les rues et dans les parcs pour jouer, je me contentais de rester dans ma chambre, à la maison. Je m'asseyais sur le sol et je m'absorbais dans mes pensées. Parfois je jouais à une forme simple de réussite, où chaque carte avait une valeur numérique : l'as valait 1, le valet 11, la reine 12, le roi 13, et les autres cartes selon le chiffre qu'elles portaient. Le but du jeu était de sauver le plus de cartes possible. Au début, il fallait battre les cartes et puis en tirer quatre pour former une pile. Si, après la première carte, la valeur totale des cartes de la pile était, à un moment quelconque, un nombre premier, alors les cartes étaient perdues. Comme dans beaucoup de formes de réussite, il y avait un élément de chance.

Imaginons que les quatre premières cartes soient : 2, 7, roi (13), 4. La pile est alors sauvée, car 2 + 7 = 9, qui n'est pas premier, 9 + 13 = 22, qui n'est pas premier, et 22 + 4 = 26, qui n'est pas premier non plus. Le joueur décide alors s'il se risque à tirer une autre carte ou s'il commence une nouvelle pile. Si le joueur décide de ne pas se risquer à tirer une carte, alors la pile est sauvée et mise de côté. Si le joueur se risque à une autre carte et que le total est un nombre premier, alors toute la pile est perdue et on recommence. Le jeu se termine quand les cinquante-deux cartes du jeu ont été tirées, certaines perdues, certaines sauvées. Le joueur calcule alors la somme totale des cartes sauvées et obtient son score final.

Je trouvais cette réussite de mon invention fascinante – parce qu'elle mettait en jeu et les mathématiques et la mémoire. Une fois que le joueur avait sa pile de quatre cartes qui n'avait pas formé de nombre premier, la décision de tirer ou non une nouvelle carte dépendait de deux facteurs : la valeur totale des cartes à ce moment-là et la valeur des cartes qui restaient dans le jeu. Par exemple, si les quatre premières cartes sont toujours : 2, 7, 13 (roi) et 4 = 26, alors le joueur doit d'abord considérer combien de nombres premiers pourraient être « atteints ». Les premiers qui suivent 26 sont 29, 31 et 37 (parce que la valeur la plus élevée est 13, le roi, il n'est pas nécessaire de considérer des valeurs supérieures à 39 pour cet exemple). Ainsi un 3, un 5 ou un valet (11) mettrait la pile en danger, mais n'importe quelle autre la ferait croître sûrement.

Se souvenir des valeurs encore contenues dans le jeu peut aider. Par exemple, si vous êtes sur le point d'atteindre un total de 70 à partir de 10 cartes, sachant qu'il n'en reste que trois dans le jeu, il est indubitablement avantageux de savoir leur valeur. Mettons par exemple un 3, un 6 et un 9. Dans une telle situation, le joueur devrait garder les 10 cartes et commencer une nouvelle pile, parce que 73 et 79 sont tous les deux des nombres premiers. Je me souvenais des valeurs de toutes les cartes du jeu, à quelque moment que ce soit. Il y a quatre exemplaires de chaque type de carte dans un jeu (quatre as, quatre 2, etc.). Je visualisais chaque ensemble de quatre cartes comme un carré délimité par des points. Les carrés avaient différentes valeurs et textures, dépendant de la valeur des cartes. Par exemple, je voyais l'ensemble de quatre as comme un carré brillant et lumineux parce que j'avais toujours vu le nombre 1 comme une lumière très brillante. Le nombre 6 m'apparaît comme un petit point noir, de sorte que je voyais l'ensemble de quatre 6 comme un trou noir de forme carrée. Pendant le jeu et quand je retourne les cartes, les différents carrés changent de forme. Quand le premier as apparaît, le carré brillant se change en triangle brillant. Quand le premier 6 est tiré, le carré noir devient un triangle noir. Quand le deuxième as est tiré, le triangle brillant devient une ligne brillante – et après le troisième as, un point brillant. Quand les quatre cartes d'un ensemble sont sorties, la forme mentale de cet ensemble de cartes disparaît.

Les cartes illustrent une qualité particulière des nombres premiers – leur distribution inégale. Dans le jeu, certaines valeurs totales d'une pile sont meilleures que d'autres. Par exemple, un total de 44 est meilleur qu'un total de 34, parce que de 44, le joueur ne peut atteindre que deux nombres premiers – 47 et 53. De 34, en revanche, il est possible d'en atteindre quatre – 37, 41, 43 et 47 – soit deux fois plus. Une valeur totale de 100 est particulièrement ingrate parce qu'il est possible de toucher cinq nombres premiers avec la carte suivante : 101, 103, 107, 109 et 113 (avec un as, un 3, un 7, un 9 et un roi, respectivement).

Mes parents s'inquiétaient toujours que je passe trop de temps tout seul dans ma chambre et que je ne fasse aucun effort pour être avec les autres enfants. Ma mère entretenait des relations amicales avec une femme qui vivait quelques maisons plus bas et qui avait une fille de mon âge. Un jour, elle me prit par la main pour aller lui rendre visite et faire la connaissance de sa fille pendant que les deux femmes discuteraient en buvant un thé. À chaque fois que je commençais à parler des choses qui m'intéressaient, la petite fille m'interrompait, ce qui m'énervait beaucoup. Je n'arrivais pas à faire sortir les mots de l'intérieur de ma tête. C'était comme si on m'empêchait de respirer. Alors je commençai à devenir tout rouge, ce qui la fit rire. Je rougis d'autant plus et soudain je fus très énervé, je me levai et la frappai. Elle se mit à pleurer. Évidemment, je ne fus pas réinvité.

Ma mère encouragea alors mon frère Lee à me laisser l'accompagner quand il jouait avec ses camarades. Son meilleur ami était un garçon nommé Eddie, qui vivait à deux rues de chez nous. La plupart du temps, mon frère et Eddie jouaient dans le jardin d'Eddie – il avait beaucoup plus de jouets que nous –, et ils aimaient jouer au ping-pong ou au football. Pendant ce temps, je m'asseyais sur la balançoire et me berçais d'avant en arrière.

L'été, Lee partit avec la famille d'Eddie pour une semaine de vacances sur la côte. Ma mère suggéra que j'aille avec eux et la mère d'Eddie était très heureuse de m'accueillir. J'hésitais parce que je n'aimais pas l'idée de partir de la maison, mais ma mère insista, espérant que cela me donnerait de l'assurance. Après beaucoup de persuasion, douce bien qu'incessante, je donnai mon accord.

Tout semblait devoir se dérouler pour le mieux à notre arrivée. Le temps était chaud et clair, la famille d'Eddie était très gentille et attentionnée avec moi. Mais après seulement une journée loin de la maison, je ressentis un sentiment de nostalgie grandissant et je voulus parler à ma mère. Il y avait une cabine téléphonique tout près et j'utilisai la monnaie que j'avais dans mes poches pour l'appeler. Elle répondit et m'entendit pleurer dans le combiné. Elle voulait savoir ce qui n'allait pas mais je pus seulement répondre que je ne me sentais pas bien et que je voulais rentrer à la maison. Après quelques minutes, je n'avais presque plus de monnaie et je lui demandai de rappeler. Je raccrochai et attendis. Je n'avais pas réalisé qu'elle ne pouvait pas connaître le numéro de téléphone puisque je ne le lui avais pas donné. J'attendis, encore et encore, restant près du téléphone pendant plus d'une heure avant de m'éloigner finalement. Le reste des vacances se passa dans un torrent de larmes. La mère d'Eddie était frustrée et ennuyée que je ne veuille pas me joindre à eux, mais je passais le plus clair de mon temps tout seul, dans la chambre où la famille dormait, assis par terre, les mains sur mes yeux. Ce furent mes premières et dernières vacances avec Eddie et sa famille.

Pendant la plus grande partie de mon enfance, mes frères et sœurs furent mes amis. Même s'ils étaient capables de lancer et de rattraper une balle mieux que moi, même s'ils s'étaient fait des amis longtemps avant moi à l'école, ils m'aimaient parce que j'étais leur grand frère et que je pouvais leur lire des histoires. Ils apprirent avec le temps à m'entraîner à faire des choses avec eux, des choses dont ils savaient que je les aimerais et auxquelles je pourrais pleinement participer. Après avoir vu ma mère faire du repassage, je sortis tous mes vêtements des tiroirs et les portai en bas dans le salon. Ma mère accepta de me donner le fer une fois éteint et refroidi, et je m'appliquai à passer le fer sur mes vêtements, un par un. Mes frères et sœurs qui m'observaient me demandèrent s'ils pouvaient jouer avec moi. J'avais vu ma mère vaporiser d'eau certains vêtements avant de les repasser : je dis à Claire de prendre le pulvérisateur de ma mère. À Lee je demandai de venir près de moi et de plier les vêtements. Steven, qui avait 4 ans, devait, lui, faire les piles : une pour les T-shirts, une pour les pantalons, etc. Quand nous fûmes à court de munitions, je dis à Steven de tout déplier et de donner les vêtements à Claire pour qu'elle vaporise de l'eau à nouveau, puis je les repasserais encore une fois, Lee les plierait et Steven en ferait des piles, et ainsi de suite... À une certaine époque, nous jouions pendant des heures au jeu du repassage.

Un autre jeu avec mes frères et sœurs consistait à mettre tous les livres de la maison – il y en avait des centaines – dans la plus grande chambre, celle des filles. Alors je séparais la fiction des essais, puis je faisais des piles selon les sujets : histoire, romans d'amour, romans d'aventure... Ensuite, je rangeais les livres par ordre alphabétique. Je découpais des feuilles de papier en petits carrés pour écrire les références de chaque livre à la main : titre, nom de l'auteur, année de publication et catégorie (essai > histoire > D). Je mettais les livres dans des boîtes que je disposais tout autour de la pièce pour que mes frères et sœurs les feuillettent ou les lisent. Quand l'un d'entre eux voulait emprunter un livre et le sortir de la chambre, je prenais le ticket avec les références et je le mettais dans un bocal. En échange, je lui donnais un autre bout de papier où j'avais écrit la date à laquelle il fallait le rendre. Pendant les vacances d'été, mes parents nous autorisèrent à garder les livres dans les boîtes avec leurs tickets. À d'autres moments nous avons dû enlever tous les tickets à la fin du jeu et remettre les livres en place sur les étagères et les tables de la maison.

Parfois, quand je jouais avec mes frères et sœurs, j'allais vers eux pour leur toucher le cou avec mon index parce que j'aimais cette sensation chaude et rassurante. Je ne comprenais pas que cela puisse les ennuyer ou sembler hors de propos. Ce ne fut que lorsque ma mère me demanda d'arrêter que je cessai, même si, occasionnellement, je touchais toujours le cou d'une personne quand j'étais très excité. Car le toucher était une façon pour moi de communiquer cette excitation aux autres. Je trouvais difficile de comprendre cette notion selon laquelle les gens avaient un espace propre qu'il fallait respecter en toutes circonstances. Je n'avais pas l'idée que mon comportement puisse être irritant ou envahissant, et j'étais blessé qu'un de mes frères ou qu'une de mes sœurs puisse s'énerver sans raison – du moins pour moi.

Il y avait beaucoup de choses que je trouvais difficiles, comme me brosser les dents. Le son rêche des dents que l'on brosse m'était physiquement pénible et quand je passais près de la salle de bain, il fallait que je me bouche les oreilles et que j'attende que le bruit s'arrête avant de faire autre chose. Au vu de cette sensibilité extrême, je me brossais les dents très rapidement, et souvent parce que mes parents m'y forçaient. J'ai eu la chance d'avoir rarement mal aux dents, probablement en grande partie parce que je buvais beaucoup de lait et que je ne mangeais que peu de choses sucrées. Le problème persista quelques années et ce fut l'occasion de fréquentes disputes avec mes parents. Ils ne pouvaient pas comprendre pourquoi je ne voulais pas me brosser les dents. Il leur fallait me supplier et aller jusqu'à m'apporter ma brosse à dents et le dentifrice dans ma chambre. Et ne pas me quitter avant que je les aie utilisés. Ce fut au début de la puberté que je compris qu'il fallait que je trouve un moyen de me brosser les dents régulièrement. Mes frères et sœurs, ainsi que les enfants de l'école, avaient remarqué que mes dents étaient jaunes et me taquinaient à ce sujet. Du coup, je n'osais plus ouvrir la bouche pour parler à cause des moqueries. Il arrivait que j'essaye de me boucher les oreilles avec du coton afin de ne pas entendre le bruit de la brosse sur les dents. J'allumais également la petite télévision de ma chambre afin de distraire mon esprit, sinon j'avais des haut-le-cœur. Tout cela mis ensemble, j'arrivais à nettoyer mes dents, jour après jour. Lors de ma première visite chez le dentiste, je mis du coton dans mes oreilles pour masquer le son de la fraise et des autres appareils. Aujourd'hui, je peux me brosser les dents deux fois par jour sans difficulté. J'utilise une brosse à dents électrique, ce qui ne produit pas le même son rêche que la brosse à dents manuelle.

Apprendre à lacer mes chaussures fut tout autant un problème. Aussi intenses qu'étaient mes tentatives, je ne pouvais simplement pas demander à mes mains d'accomplir les manœuvres que l'on m'avait montrées et remontrées. Un jour, ma mère m'acheta des boots Mother Hubbard avec des lacets épais et grossiers – pour que je m'entraîne. Je passai plusieurs heures dessus, jusqu'à ce que mes mains soient rouges et me démangent à force de tripoter les lacets. Pendant ce temps, mon père continuait à lacer mes chaussures tous les matins avant de m'emmener à l'école. J'avais 8 ans quand j'appris finalement à le faire.

Il y avait aussi la question de la droite et de la gauche (aujourd'hui je dois encore parfois fournir un effort de concentration). Non seulement mon père devait lacer mes chaussures jusqu'à mes 8 ans, mais il devait aussi me les enfiler. Il m'arrivait d'être si frustré quand j'essayais de mettre mes chaussures tout seul que, dans un accès de colère, je finissais par les jeter. Mes parents eurent l'idée de coller des étiquettes marquées « L » (*left*, gauche en anglais) et « R » (*right*, droite en anglais) sur chaque chaussure. Cela marcha et je fus finalement capable d'enfiler seul mes chaussures et aussi de suivre un itinéraire simple plus facilement.

Quand je marchais, y compris dans la rue, je gardais toujours la tête baissée et regardais bouger mes pieds. Souvent je heurtais quelque chose et je m'arrêtais. Ma mère, quand elle m'accompagnait, ne cessait d'essayer de me rappeler à l'ordre, mais même quand je relevais la tête, celle-ci finissait toujours par retomber. Un jour, ma mère me demanda de fixer un point – une clôture, un arbre ou une maison – au loin et de marcher sans le quitter des yeux. Cette astuce simple m'aida à garder la tête haute et dans les mois qui suivirent, ma coordination s'améliora beaucoup. Je cessai de tout heurter sans cesse et mon assurance devint plus grande.

À l'occasion des fêtes de Noël qui précédèrent mon neuvième anniversaire, on me donna une bicyclette, ainsi qu'à mon frère Lee. Mes parents fixèrent de petites roues sur les deux vélos. Mon frère fut capable de s'en passer rapidement alors que les miennes restèrent plusieurs mois – Lee avait pourtant deux ans de moins que moi. Mon équilibre et ma coordination étaient médiocres et je trouvais difficile de conduire et de pédaler en même temps. Je m'entraînais sur une chaise dans la cuisine : je tenais une grande cuillère en bois devant moi en essayant de bouger mes pieds en cercle contre les pieds de la chaise. Avec beaucoup d'entraînement, je fus enfin capable de faire du vélo avec mon frère dans les rues près de la maison. Il faisait la course, il allait bien plus vite que moi, je paniquais et je tombais. Je finis par m'habituer aux chutes de vélo, ainsi qu'aux éraflures et aux bleus sur mes mains et sur mes jambes.

Ma pauvre coordination rendit également mon apprentissage de la natation lent et frustrant. Je fus le dernier enfant de ma classe à savoir nager, ne serait-ce qu'une longueur de bassin. J'étais paniqué par l'eau, paniqué à l'idée d'être enfoncé sous elle et de ne pas pouvoir remonter à la surface. Les maîtres nageurs étaient sympathiques et me donnèrent des bouées de bras et des blocs de mousse pour m'aider à flotter en toute sécurité. Mais mes difficultés ne firent que renforcer mon sentiment d'être différent des autres enfants – qui nageaient apparemment sans efforts – et bien des années avant que je parvienne finalement à effectuer ma première brasse. À l'approche de la puberté, je perdis enfin la peur de l'eau et découvris que je pouvais flotter et me déplacer de moi-même, sans les bouées de bras. Mon sentiment de joie fut énorme et je considérais que c'était un grand pas en avant. Mon corps commençait à faire les choses que je voulais qu'il fasse.

Lors de ma dernière année d'école primaire, un nouvel élève arriva, un garçon iranien, Babak, dont les parents avaient fui le régime de Khomeyni. Babak était intelligent, il parlait anglais couramment et était très bon en maths. Avec lui je trouvai finalement mon premier véritable ami. Il fut la première personne à tenter vraiment de regarder au-delà de ce qui faisait ma différence pour insister sur ce que nous avions en commun : notre amour des mots et des nombres en particulier. Sa famille a toujours été très gentille avec moi – je me souviens de sa mère qui me servait des tasses de thé pendant que nous jouions au Scrabble dans le jardin.

Babak avait une grande confiance en lui et s'entendait très bien avec tout le monde. Ce fut sans surprise qu'on le désigna pour jouer le premier rôle de l'ambitieuse production de l'école, un *Sweeney Todd*, une horrible histoire de barbier meurtrier dont les victimes étaient transformées en boulettes de viande. Babak participa aux répétitions tous les jours pendant plusieurs semaines et m'invita à regarder. Je m'asseyais sur le coffre à costumes dans un coin, hors de vue, et je lisais le dialogue en même temps qu'eux. J'allais à toutes les répétitions. Puis, le jour du spectacle, Babak ne vint pas pour la répétition générale : il était malade. Les instituteurs paniquèrent : quelqu'un pouvait-il le remplacer ? Je réalisai que, grâce à mon assiduité, je connaissais chaque mot du texte et j'acceptai de prendre sa place, très nerveux. Le soir de la représentation, je récitai toutes les phrases du personnage dans l'ordre correct, parfois mal placé sur la scène, trouvant difficile d'écouter les autres acteurs. Je n'arrivais pas à distinguer les répliques adressées au public de celles dédiées au dialogue entre les acteurs. Mes parents, qui assistaient à la représentation, me dirent plus tard que je n'avais pas montré beaucoup d'émotion, que j'avais continuellement regardé par terre, mais que j'avais au moins récité tout le rôle. Pour eux comme pour moi, c'était déjà un succès.

6

Adolescence

Je comptai les sept secondes que prit mon père pour vaciller et chuter lourdement sur le sol du salon, exactement dans son ombre. À terre, sa respiration était rauque et mauvaise, et ses yeux plongés dans les miens étaient ronds, fixes et injectés de sang.

La maladie de mon père avait commencé après la naissance de mes sœurs jumelles. Son comportement avait changé. Il avait cessé de travailler dans le jardin et refusait de voir ses vieux amis. Il alternait de longues périodes de bavardage et de quasi-mutisme. Physiquement, il semblait avoir vieilli de dix ans en quelques mois : il avait perdu beaucoup de poids, il était devenu très mince, se déplaçait de plus en plus lentement et de manière de plus en plus hésitante. Les traits et les plis de son visage s'étaient même creusés.

J'avais 10 ans quand je fus le témoin accidentel de la première crise de mon père. Durant les mois qui avaient précédé, ma mère avait tout fait pour nous protéger de la vision et des bruits de son déclin. Ce jour-là cependant, j'étais entré innocemment dans le salon et je l'avais trouvé chancelant autour de la pièce, les yeux vides et exorbités, murmurant des paroles inintelligibles. Je ne fis rien, sinon le regarder en silence, incertain de ce que je ressentais. Mais je ne voulus pas le laisser seul. Le bruit de la chute fit accourir ma mère qui me mit gentiment dehors en me disant de monter dans ma chambre. Elle m'expliqua que mon père n'allait pas bien et qu'elle allait appeler un médecin. Dix minutes plus tard, une ambulance arriva, sans sirène. Depuis le haut des escaliers, je regardai mon père être allongé sur un brancard, recouvert d'une couverture et emmené par les ambulanciers.

Le jour suivant, la maison était plus calme – et d'une certaine façon aussi plus froide. Je me souviens d'être resté dans ma chambre, assis, à essayer de penser aux sentiments que j'éprouvais pour mon père parce que je savais que je devais ressentir quelque chose, mais je ne savais pas quoi. Finalement, je pris conscience que la maison semblait incomplète sans lui et que je voulais qu'il revienne.

On nous dit que mon père avait besoin de temps pour se reposer et qu'il avait été emmené dans un hôpital pour se soigner. Il fut absent plusieurs semaines pendant lesquelles nous, les enfants, nous ne fûmes pas autorisés à le voir, alors que ma mère prenait le bus tous les jours pour lui rendre visite. L'hôpital était une institution psychiatrique qui accueillait des patients pour de longs séjours, mais à l'époque nous étions trop jeunes pour savoir de quelle maladie mon père souffrait. Ma mère ne discutait pas de l'état de mon père avec nous et se contentait de nous dire qu'il allait mieux et qu'il rentrerait bientôt. Pendant ce temps, avec sept enfants (dont cinq de quatre ans ou moins), ma mère s'en remit à ses parents, aux amis de la famille et aux assistants que les services sociaux mirent à sa disposition. Mon frère et moi nous devions aider le plus possible en faisant la vaisselle ou en portant les courses.

On ne célébra pas le retour de mon père de l'hôpital. Au contraire, on tenta une sorte de retour à la normale. Il essayait de faire ce qu'il avait toujours fait tous les jours avant que la maladie ne le frappe : changer les couches et préparer le dîner. Mais les choses étaient différentes et je pense qu'il savait lui-même qu'elles ne seraient plus jamais comme avant. L'homme qui m'avait auparavant protégé et avait veillé sur moi était parti et il avait été remplacé par un homme qui avait besoin d'être protégé et soigné. On lui prescrivit un traitement et on lui conseilla d'aller régulièrement se faire examiner par les médecins de l'hôpital. Chaque jour, après le déjeuner, il montait dans sa chambre et dormait plusieurs heures. Ma mère demanda à mes frères et sœurs de jouer en silence, aussi silencieusement que moi, pour ne pas déranger le repos de mon père. Quand l'un ou l'autre bébé commençait à pleurer, ma mère se précipitait pour l'emmener dans le jardin.

La relation de mes parents changea aussi. Avant, ma mère s'était beaucoup reposée sur mon père, émotionnellement comme dans la vie de tous les jours. Maintenant, elle devait reconsidérer leur vie ensemble et « de zéro ». Leurs conversations se firent plus brèves et ces deux personnes qui avaient auparavant parfaitement fonctionné ensemble semblaient ne plus savoir comment faire. Ils se disputaient de plus en plus, leurs voix devenaient fortes et sombres. Je n'aimais pas les entendre se disputer et je me bouchais les oreilles. Souvent, après une dispute particulièrement intense, ma mère montait dans ma chambre pour s'asseoir au calme. Dans ces moments-là, j'aurais voulu l'envelopper dans un doux silence comme dans une couverture.

L'état de mon père fluctuait d'un jour à l'autre, et d'une semaine à l'autre. Il y avait de longues périodes pendant lesquelles il pouvait parler et agir comme autrefois, seulement interrompues par de soudains accès de bavardage incohérent, répétitif, confus, qui l'isolaient du reste de la famille. Il fut hospitalisé un certain nombre de fois, les années suivantes, pendant plusieurs semaines. Puis, aussi soudainement qu'elle était venue, la maladie de mon père disparut : il recommença à manger et à dormir mieux, retrouva sa force physique et émotionnelle, son assurance et son sens de l'initiative. La relation de mes parents s'améliora et un huitième enfant, ma sœur Anna-Marie, naquit à l'été 1990. Dix-sept mois plus tard naissait le dernier enfant de mes parents, Shelley, quatre jours avant mon treizième anniversaire.

Ces améliorations, ainsi que l'agrandissement continu de la famille entraînèrent un nouveau déménagement, en 1991, dans une maison de quatre chambres, dans Marston Avenue, située près des boutiques et d'un parc, avec un grand jardin derrière. Comme les maisons précédentes, elle n'avait qu'une seule salle de bain pour onze personnes. Les files d'attente devant la porte étaient fréquentes. Le salon et la salle à manger étaient séparés par une double porte, qui demeurait souvent ouverte et les pièces du rez-de-chaussée n'en étaient plus qu'une seule. Quand j'avais une pensée ou une idée soudaine, je passais d'une pièce à l'autre, du salon à la salle à manger, à la cuisine, au couloir – et retour au salon – dans un mouvement perpétuel, ma tête fixant le sol, les bras immobiles le long du corps, absorbé dans mes pensées et totalement indifférent à qui se trouvait près de moi.

Je rentrai au collège en septembre 1990. Cet été-là, ma mère m'emmena en centre-ville pour m'acheter mon premier uniforme, une veste noire et un pantalon, une chemise blanche et une cravate rayée noir et rouge. Mon père tenta de m'apprendre comment nouer une cravate, mais après plusieurs tentatives, je n'en étais toujours pas capable – et j'en étais même très loin. Il suggéra donc que je serre et desserre tout simplement le même nœud pendant toute la semaine. Je m'agitais beaucoup en essayant mon uniforme pour la première fois – la veste était d'une facture grossière et lourde – et mes nouvelles chaussures en cuir noir me serraient et m'écorchaient les pieds. J'avais aussi un sac pour les différents livres de classe, ainsi qu'un assortiment de fournitures scolaires : des crayons, des stylos, un carnet, un taille-crayon, une gomme, un compas, des règles, un rapporteur et un cahier.

Mon collège s'appelait Barking Abbey et était situé près de l'église St Margaret où le capitaine Cook s'était marié en 1762. Le premier jour, mon père m'aida à nouer ma cravate et à boutonner les manches de ma chemise. Nous allâmes en bus jusqu'aux portes du collège où il m'annonça que je devais être courageux, que le premier jour dans une nouvelle école était toujours un défi, et que je devais essayer de prendre les choses du bon côté. Je le regardai s'éloigner jusqu'à ce qu'il disparaisse. Puis je suivis en hésitant les autres élèves dans le gymnase, où le directeur, Mr. Maxwell, nous accueillit avec un discours. Le gymnase était juste assez grand pour que nous puissions tous nous asseoir sur le sol. Les professeurs étaient debout contre le mur. Le sol du gymnase était sale et je m'assis juste devant le directeur, qui nous demanda le silence et commença à parler. Je trouvais difficile de me concentrer et de l'écouter. Je regardais le sol, passais le bout de mes doigts dans la fine poussière et attendais la fin du discours. Puis on répartit les élèves et on nous donna le nom de notre professeur principal. Nous pouvions maintenant nous rendre, calmement, dans notre salle de classe. J'étais très excité en découvrant que ma classe était la plus proche de la bibliothèque. Après l'appel, on nous donna notre emploi du temps. Chaque matière était enseignée par un professeur différent dans une salle de classe différente à des endroits différents du collège. Se déplacer d'une heure à une autre, d'une matière à une autre, d'une classe à une autre et d'un professeur à un autre était quelque chose de difficile pour moi, certainement la chose la plus difficile dans le passage de l'école primaire au collège.

Il y avait des visages familiers qui venaient de Dorothy Barley. Mais Babak, mon seul ami, était dans une autre école, dans un autre quartier. Je me sentais extrêmement tendu, je ne parlai à personne dans la nouvelle classe et je ne me présentai même pas. Au contraire, je regardai l'horloge continuellement, en espérant que les aiguilles avancent plus rapidement et que la journée se termine. À la sonnerie, stridente, les élèves se précipitèrent dehors pour la pause. Je restai en arrière, attendant que tout le monde soit sorti car craignant surtout d'être bousculé ou renversé. J'allai à la bibliothèque, la porte d'à côté, pris une encyclopédie dans les rayonnages et m'assis pour lire, tout seul. Je regardais l'horloge de la bibliothèque parce que je ne voulais pas être en retard au cours suivant. L'idée de rentrer seul et de voir les autres élèves déjà assis, qui me regardaient, était quelque chose de terrifiant pour moi. Quand la cloche de la cantine sonna, je refis le chemin jusqu'à la bibliothèque et je lus, à la même table.

À l'école primaire, je mangeais des paniers-repas préparés par ma mère. Cependant, venant d'une famille pauvre, mes parents souhaitaient que je prenne à la cantine des repas pour lesquels j'avais droit à des tickets-repas. Après une demi-heure de lecture, j'allai jusqu'au réfectoire. Les queues avaient disparu et je pus prendre un plateau, aller au comptoir tout seul et choisir ce que je voulais manger. Avec le doigt, je montrai le poisson, les chips et les haricots. J'avais faim et je pris un doughnut pour le dessert. Je marchai jusqu'à la caisse et tendis mon bon de réduction à la caissière qui appuya sur quelques boutons. Elle me dit que le ticket-repas ne comprenait pas le doughnut et qu'il me faudrait payer un supplément. Je ne m'étais pas attendu à cela, je rougis et devins très anxieux, sentant que j'étais sur le point d'éclater en sanglots à tout moment. Remarquant mon désarroi, la femme me dit de ne pas m'inquiéter, que c'était mon premier jour et que je pouvais garder le doughnut. Je trouvai une table libre et m'assis. La salle à manger était à demi vide, mais je mangeai mon repas le plus vite possible, avant que quelqu'un ne vienne s'asseoir à côté de moi. Puis je repartis.

À la fin de la journée, j'attendis que le gros des élèves se soit dispersé dans les rues des alentours avant de rejoindre l'arrêt de bus – que je reconnus parce que c'était celui de ce matin. J'utilisai les transports publics tout seul pour la première fois et je ne réalisai pas que j'allais dans la mauvaise direction. Quand le bus arriva, je montai et indiquai ma destination, une phrase que j'avais répétée plusieurs fois dans ma tête. Le chauffeur dit quelque chose, mais je ne l'entendis pas clairement et je sortis mon argent pour le ticket. Il répéta, mais je ne pus me concentrer sur ses mots tant je faisais d'efforts pour ne pas paniquer à l'idée d'être dans un bus tout seul. Je restai là jusqu'à ce que le chauffeur soupire lourdement et prenne l'argent. Je compostai le billet et trouvai le siège libre le plus proche. Quand le bus démarra, je m'attendais à ce qu'il fasse demi-tour à un moment ou à un autre pour prendre la direction de la maison, mais il continua, encore et encore, toujours plus loin de l'endroit où je voulais me rendre. Je devins anxieux et allai jusqu'aux portes, attendant impatiemment que le bus s'arrête et qu'elles s'ouvrent. Réalisant mon erreur, je descendis et traversai la rue jusqu'à un autre arrêt de bus. Cette fois, quand le bus arriva et que j'indiquai au chauffeur le nom de ma destination, il ne dit rien d'autre que le prix du ticket, que je savais déjà, et je fus soulagé d'avoir trouvé le bon bus – et encore plus soulagé, vingt minutes plus tard, quand je reconnus ma rue à travers la vitre du véhicule et que je sus que j'étais finalement rentré sain et sauf à la maison.

Avec le temps et l'expérience, je fus pleine-ment capable d'aller et de revenir de l'école, tout seul et en bus. Il n'y avait qu'une petite distance de la maison de Marston Avenue jusqu'à l'arrêt de bus et je connaissais les horaires par cœur. Je ne fus jamais en retard, sauf quand le bus lui-même était en retard. Chaque jour d'école commençait par un appel et puis les cours s'enchaînaient dans différentes salles et diffé-rents bâtiments. Malheureusement, parce que je n'avais aucun sens naturel de l'orientation, je me perdais très facilement – y compris dans des lieux où j'avais vécu des années et à l'exception des trajets que j'avais spécifiquement mémorisés ou répétés. Ma solution : suivre mes camarades de classe.

Les maths étaient naturellement l'une de mes matières favorites. Le premier jour, les élèves devaient passer un test de mathématiques qui permettait une répartition selon leurs capacités en quatre groupes. J'allai avec le premier groupe (le meilleur). Dès le début, je remarquai que la progression du cours était plus rapide qu'à l'école primaire. Chaque élève semblait concentré et investi. On abordait une grande série de sujets. Parmi mes domaines de prédilection, il y avait les suites – comme la suite Fibonacci (1, 1, 2, 3, 5, 8, 13, 21, 34, 55) où chaque terme s'obtient par l'addition des deux précédents –, mais aussi l'analyse – dont notamment le calcul de la moyenne et de la médiane d'un ensemble de nombres – et les probabilités.

Pour beaucoup de gens, les probabilités ne vont pas dans le sens de leur intuition. Par exemple, la réponse au problème : « Une femme a deux enfants dont l'un est une fille. Quelle est la probabilité que l'autre soit aussi une fille ? » n'est pas 1 sur 2, mais 1 sur 3. Parce que, sachant que la femme a déjà une fille et ne peut donc pas avoir deux garçons, les possibilités restantes sont : GF (garçon et fille), FG (fille est garçon) et FF (fille et fille).

Le « problème des trois cartes » est un autre exemple de probabilité dont la réponse est apparemment paradoxale. « Soit trois cartes : l'une est rouge des deux côtés, l'autre est blanche des deux côtés et la troisième est rouge d'un côté et blanche de l'autre. Quelqu'un glisse les cartes dans un sac et les mélange avant de les sortir et de les étaler. Il y en a une de couleur rouge.

Quelle est la probabilité qu'en la retournant elle soit également rouge ? » Certaines versions de ce problème font remarquer qu'il n'y a que deux cartes qui ont une ou deux faces rouges, et que la probabilité est donc d'une sur deux, c'est-à-dire qu'il y a autant de chances que l'autre face de la carte soit rouge que blanche. Cependant, la probabilité que l'autre face soit rouge est de fait de deux sur trois. Pour s'en rendre compte, il faut imaginer écrire A sur une face de la carte qui a deux faces rouges, et B sur l'autre face. Sur la carte avec une seule face rouge, écrivons C sur la face rouge. Maintenant, considérons le cas où la carte tirée a une face rouge. La possibilité d'obtenir A, B ou C. Si nous avons un A, l'autre face est forcément un B ; si c'est un B, l'autre face est forcément un A et si c'est un C, l'autre face est blanche. C'est pourquoi la réponse au problème est 2 sur 3.

L'histoire était une autre de mes matières favorites au collège. Depuis tout petit, j'avais toujours adoré mémoriser des listes de données et mes cours d'histoire en étaient pleins : noms et dates de monarques, de présidents et de Premiers ministres. Je préférais largement la non-fiction à la fiction. J'adorais lire et étudier les faits et les figures des événements clés de l'histoire. Je devais aussi faire l'analyse de certains textes et tenter de saisir le rapport entre des idées et des situations historiques. J'étais captivé par le concept qu'un événement unique, apparemment solitaire, puisse conduire à une série d'autres événements, comme des dominos. La complexité de l'histoire me fascinait.

À partir de l'âge de 11 ans, j'ai commencé à inventer mon propre monde de figures historiques, de présidents et de Premiers ministres. J'imaginais des biographies complètes et détaillées pour chacun d'entre eux. Les noms, les dates et les événements me venaient souvent comme ça, et je passais beaucoup de temps à penser aux faits et aux statistiques de chacun. Certains étaient influencés par ce que je savais véritablement de personnages historiques réels, d'autres étaient très différents. Aujourd'hui je continue à enrichir mes chronologies historiques et à leur ajouter de nouveaux personnages et de nouveaux événements. Ci-dessous, un exemple de l'une de ces figures historiques imaginaires :

Howard Sandum (1888-1967), Trente-deuxième président des États-Unis d'Amérique

Sandum était né dans une famille très pauvre du Midwest et avait combattu pendant la Première Guerre mondiale avant d'être élu représentant républicain à la Chambre en 1921. À 36 ans, soit trois ans plus tard, il était sénateur, gouverneur en 1930, et enfin président des États-Unis en 1938 après avoir battu le candidat démocrate Evan Kramen, âgé de 64 ans. Sandum eut à gouverner pendant une période de conflits et déclara la guerre à l'Allemagne nazie et au Japon en décembre 1941. En novembre 1944, il fut battu par le démocrate William Griffin (né en 1890), après un mandat de six ans. Il se retira de la vie politique et écrivit ses Mémoires –

publiés en 1963. Son seul enfant, Charles (1920-2000), entra lui aussi en politique, en tant que membre du Congrès de 1966 à 1986.

Il y avait des matières que je haïssais vraiment. La menuiserie, par exemple, que je trouvais ennuyeuse et à laquelle je n'ai jamais vraiment pu m'appliquer. Mes camarades étaient pourtant très heureux de couper et d'assembler des bouts de bois. Je trouvais difficile, moi, de suivre les instructions du professeur et j'étais souvent à la traîne. Parfois, le professeur s'énervait, venait me voir et faisait l'exercice à ma place. Il pensait que j'étais paresseux, mais en vérité j'avais l'impression d'être dans un environnement définitivement étranger dans lequel je n'avais aucune envie de rester.

De même avec l'éducation physique. Je prenais beaucoup de plaisir dans les sports individuels – le trampoline et le saut en hauteur, par exemple, que j'aimais beaucoup. Malheureusement, la plupart des cours étaient consacrés à des jeux collectifs comme le rugby ou le football qui réclamaient un vrai jeu d'équipe. J'ai toujours redouté le moment où les capitaines sont désignés. À tour de rôle, ils choisissent leurs coéquipiers jusqu'à ce qu'il n'en reste qu'un : moi, toujours. Ce n'était pas que je ne puisse courir vite ou frapper dans un ballon, mais je n'arrivais pas à interagir avec les autres joueurs de l'équipe. Je ne savais pas comment me placer, quand faire une passe ou quand laisser le ballon à un autre joueur. Pendant un match, il y avait tellement de bruit autour de moi que j'étais ailleurs sans même m'en rendre compte. Je ne savais plus ce qui se passait autour de moi jusqu'à ce qu'un joueur ou l'entraîneur vienne me voir et me demande de « faire attention » ou « d'être concerné ».

Même avec l'âge, je trouvais toujours difficile d'avoir des relations avec mes camarades de classe et de me faire des amis. Pendant les premiers mois au collège, j'ai eu la chance de rencontrer Rehan, un Anglo-Indien dont la famille avait émigré en Grande-Bretagne, cinquante ans plus tôt. Rehan était grand et maigre, avec des cheveux très épais et très noirs qu'il brossait fréquemment. Il gardait d'ailleurs toujours une brosse à cheveux dans son sac. Les autres élèves de l'école se moquaient de lui à cause de son apparence inhabituelle – il lui manquait deux incisives et sa lèvre supérieure portait une cicatrice à la suite d'un accident d'enfance. Peut-être parce qu'il était trop timide et nerveux, et, comme Babak, d'une certaine manière un étranger, nous devînmes amis et passâmes beaucoup de temps ensemble. Rehan était la personne à côté de laquelle je m'asseyais toujours, la personne avec laquelle je parlais de choses qui m'intéressaient. Pendant ce temps, les autres enfants jouaient sur le terrain de sport et dans la cour de récréation. Parfois Rehan me récitait de la poésie. Il en lisait beaucoup, en écrivait lui-même et était très intéressé par tout ce qui était mots et langage. C'était quelque chose que nous avions en commun.

Rehan adorait Londres et visitait régulièrement la ville en utilisant le métro. Il allait dans des quartiers historiques où des poètes célèbres avaient vécu et se rendait à la mosquée de

Wimbledon pour la prière du vendredi. Il fut surpris de découvrir que je ne connaissais presque pas Londres, à part les quelques rues autour de la maison, alors que pourtant j'y avais vécu toute ma vie. Ainsi, le week-end, Rehan s'arrangeait parfois pour que je l'accompagne dans ses voyages en métro, pour aller voir la Tour de Londres, par exemple, Big Ben ou Buckingham Palace. Il m'achetait un ticket et descendait avec moi sur le quai où nous attendions l'arrivée du train. C'était sombre et humide. Je me souviens qu'en regardant mes pieds, j'avais remarqué une allumette brûlée et un paquet de cigarettes écrasé avec cette inscription : « Attention : fumer nuit gravement à votre santé ».

Dans le train, Rehan me montrait la carte des différentes lignes et stations de métro : jaune pour la *Circle Line*, bleu pour la *Victoria Line*, vert pour la *District Line*. Le train nous secouait et faisait beaucoup de bruit. Je n'aimais pas le centre de Londres. C'était plein de gens, de sons, d'odeurs, de visions, de signes, et il y avait trop d'informations pour que je puisse les assimiler : ma tête me faisait mal. Quand Rehan m'emmenait dans des endroits calmes, loin de la foule des touristes et des visiteurs, comme les musées, les bibliothèques ou les galeries d'art, je me sentais mieux. J'aimais beaucoup Rehan. Il m'inspirait toujours la sécurité.

Pendant mes années de collège, Rehan fut souvent malade et de plus en plus souvent absent. Progressivement, je dus apprendre à faire sans lui, ce qui n'était pas facile. Je devenais vulnérable et mes camarades se moquaient de moi, qui n'avais pas d'amis du tout. Quand la bibliothèque était fermée, je passais le temps des récréations à marcher en rond dans les couloirs, tout seul, jusqu'à ce que la cloche sonne. Je redoutais les activités de groupe en classe, alors que naguère j'avais travaillé joyeusement avec Rehan. Au lieu de cela, le professeur devait souvent demander : « Qui peut me rendre le service de faire équipe avec Daniel ? » Mais personne ne voulait, et souvent, je devais travailler seul, ce qui me convenait tout à fait.

Mon père m'apprit à jouer aux échecs quand j'avais treize ans. Un jour, il me montra l'échiquier et les pièces dont il se servait pour jouer avec ses amis, en me demandant si je voulais qu'il m'apprenne. J'acquiesçai : il me montra le mouvement des pièces et quelques règles élémentaires. Mon père était un autodidacte et ne jouait que pour se divertir. Pourtant il fut très surpris quand je gagnai notre première partie. « La chance sourit aux débutants », dit-il en remettant les pièces sur leurs positions de départ. Nous jouâmes une deuxième partie, que je gagnai encore. À ce moment-là, mon père pensa que cela valait la peine de m'inscrire au club d'échecs. Il en connaissait un, juste à côté de la maison, et me dit qu'il m'y emmènerait la semaine suivante.

Les échecs impliquent de nombreux problèmes de logique. Le plus célèbre, mon préféré, est connu sous le nom de « tour de cavalier », une suite de mouvements avec le cavalier qui doit parcourir toutes les cases de l'échiquier sans passer deux fois sur la même case. Le cavalier se déplace en L, deux cases verticalement et une horizontalement – ou l'inverse. Beaucoup de mathématiciens célèbres ont travaillé sur ce problème. Une solution simple consiste à utiliser la règle de Warnsdorff, selon laquelle chaque mouvement du cavalier doit se faire vers la case qui lui permettra le moins de mouvements au coup suivant. Ci-dessous, un exemple du problème de « tour de cavalier » résolu :

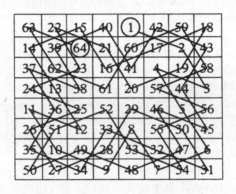

Le club d'échecs dans lequel je jouais était à vingt minutes de la maison. J'y allais à pied avec mon père toutes les semaines et il venait me chercher en fin de soirée. Le club se réunissait dans une salle près de la bibliothèque et était dirigé par un petit homme, Brian, qui avait le visage ridé comme un pruneau. Il n'y avait que des tables, des chaises et des hommes, vieux pour la plupart, penchés sur des échiquiers. C'était très calme quand on jouait, à l'exception du bruit des pièces sur l'échiquier, le tic-tac de l'horloge, des chaussures qui battaient la mesure et du murmure des néons. Mon père me présenta à Brian et lui dit que j'étais un débutant très timide mais très désireux d'apprendre. Il lui dit aussi que je prenais beaucoup de plaisir à jouer. On me demanda si je savais placer les pièces en position de départ. J'acquiesçai. Brian me pria alors de m'asseoir à une table libre avec un échiquier et une boîte de pièces et de les disposer pour commencer la partie. Quand j'eus fini, Brian appela un homme âgé avec de grosses lunettes qui s'assit en face de moi pour une partie. Brian et mon père se tenaient debout, un peu en retrait. Ils me regardaient déplacer nerveusement mes pièces. Cela dura une demi-heure, jusqu'à ce que mon adversaire couche son roi. Je ne sais ce que cela voulait dire. Brian vint vers moi : « Bien joué, tu as gagné ! »

J'adorais aller au club une fois par semaine. Ce n'était pas bruyant et je n'avais pas à parler ni à me soucier des autres joueurs. Quand je ne jouais pas, j'empruntais à la bibliothèque municipale des livres qui traitaient des échecs. Bientôt cela devint mon seul sujet de conversation. Je prétendais même que je voulais être professionnel quand je serai grand. Je fus très heureux quand Brian me demanda si je voulais affronter d'autres clubs en compétition, car cela voulait dire que je jouerais encore plus. J'acquiesçai immédiatement. Les compétitions avaient lieu pendant la semaine, mais on demandait à l'avance à chaque joueur s'il était disponible. Brian proposa de venir me chercher en voiture, parfois en compagnie d'un autre membre de l'équipe. Les tournois se déroulaient avec plus de rigueur sportive qu'au club. Chaque joueur devait consigner par écrit chaque mouvement sur une feuille de papier fournie à l'avance. Je gagnais très souvent et je devins un membre régulier de l'équipe.

Après chaque tournoi, je prenais la feuille de papier et je rejouais la partie sur mon échiquier, à la maison, assis sur le sol de ma chambre, analysant les positions et essayant d'améliorer mon jeu. J'avais lu que c'était ainsi qu'il fallait faire et cela m'aidait à ne pas répéter mes erreurs et à me familiariser avec les différentes combinaisons possibles au cours d'une partie.

Le plus dur pour moi était de maintenir un niveau élevé de concentration quand la partie durait, souvent deux voire trois heures. J'essayais de réfléchir profondément, en brefs éclats de pensées intenses, suivis par des périodes plus longues où ma concentration se relâchait et se faisait moins consistante. Je trouvais difficile de passer outre les petites choses autour de moi qui affectaient ma concentration : quelqu'un qui soupirait bruyamment, par exemple. C'est ainsi qu'au cours de certaines parties où j'avais l'avantage, je me suis déconcentré brutalement, j'ai joué un coup plus faible ou une série de coups plus faibles, et j'ai fini par perdre – ce qui m'a toujours beaucoup frustré.

Chaque mois, je lisais un magazine spécialisé à la bibliothèque municipale. Un jour, j'y découvris une publicité pour un tournoi qui allait se dérouler près de chez nous. Il était marqué : « Droit d'entrée : payé d'avance 5 £ off. La journée : 20 £. » J'avais tendance à lire les choses de manière littérale. Je n'étais pas sûr du sens de « off », mais je pensais que le prix de l'entrée était de 5 £ si on payait d'avance, que c'était cela l'« offre ». Je demandais à mes parents si je pouvais participer et ils acceptèrent d'envoyer un mandat postal de 5 £ pour moi. Deux semaines plus tard, j'arrivais sur les lieux de la compétition et donnais mon nom. L'homme regarda dans ses notes puis me dit que j'avais certainement dû mal comprendre parce que je devais encore 15 £ (en effet, comme je payais le jour même, je devais payer plein tarif). Je n'avais pas compris que l'offre consistait en une réduction de 5 £ si l'on payait la totalité du droit d'entrée d'avance. Heureusement, j'avais de l'argent sur moi et je payai, quoique profondément troublé.

Les tournois étaient chronométrés et je commençai ma première partie en confiance et en jouant rapidement. Bientôt, j'occupai une position très avantageuse sur l'échiquier et bénéficiai d'un avantage de temps tout aussi conséquent. Je me sentais très bien. Mon adversaire joua son coup, appuya sur le bouton du chronomètre et soudain se leva. Je le regardai faire les cent pas en attendant que je joue. Je ne m'étais pas du tout préparé à ce qu'il fasse cela : je n'étais plus concentré du tout, ses chaussures couinaient sur le sol dur et brillant. Totalement distrait, je jouai une série de coups médiocres et perdis la partie. J'étais terriblement désappointé, mais aussi incapable de jouer mes autres parties parce que ma concentration s'était irrémédiablement envolée. Je rentrai à la maison, désormais persuadé que les tournois n'étaient pas pour moi.

Néanmoins, je continuai à jouer régulièrement tout seul, sur mon échiquier, assis sur le sol de ma chambre. Ma famille savait qu'il n'était pas question de me déranger quand j'étais au milieu d'une partie. Quand je jouais tout seul, les échecs étaient fluides, avec leurs règles établies et consistantes, leurs modèles répétitifs de coups et de combinaisons. À 16 ans, je créai un problème en dix-huit coups que j'envoyai au magazine spécialisé que je lisais avidement à la bibliothèque municipale. À ma surprise, il fut publié quelques mois plus tard, en tête du courrier des lecteurs. Mes parents étaient si fiers qu'ils firent encadrer la page et l'accrochèrent sur le mur de ma chambre.

Plus tôt cette année-là, en 1992, j'avais obtenu mon brevet[1], avec la meilleure note possible (A*) en histoire, des A en langue anglaise et en littérature, en français, en allemand, des B en sciences et un C en menuiserie. À mon examen préliminaire de maths, j'avais eu A, mais je n'eus qu'un B à l'examen final car j'étais assez moyen en algèbre. Je trouvai très désagréable de manier des équations qui substituaient aux nombres – auxquels correspondaient pour moi des réponses synesthésiques et émotionnelles – des inconnues alphabétiques qui ne m'évoquaient rien. À cause de cela, je décidai de ne pas poursuivre les maths plus loin et choisis l'histoire, le français et l'allemand.

L'un de mes professeurs de français, Mrs. Cooper, m'aida à organiser mon premier voyage outre-Manche, à Nantes, une ville côtière sur les bords de la Loire, dans le Nord-Ouest de la France. J'avais 17 ans. Mon professeur connaissait une famille qui fut ravie de m'accueillir et de faciliter mon séjour. Je n'avais jamais eu

---

1. L'équivalent anglais est le GCSE (General Certificate of Secondary Education).

besoin de passeport auparavant et je dus m'en procurer en peu de temps, en plein été. Je me souviens de mon sentiment de grande anxiété à l'idée de quitter ma famille, de prendre un avion, d'aller dans un autre pays. Mais j'étais aussi très excité d'avoir l'opportunité de travailler mon français, alors je fis la part des choses. Pendant dix jours, je fus très bien traité par une famille qui sut respecter mon intimité quand il le fallait et m'encourager à utiliser et à pratiquer mon français. Chaque conversation était *en français* – pendant les matchs de tennis de table, les excursions à la plage, les longs dîners paresseux de fruits de mer. Je retournai en Angleterre indemne, à l'exception des coups de soleil dont ma peau sensible eut à souffrir.

Le même été, un garçon allemand, Jens, vint séjourner dans notre classe pour améliorer son anglais. Comme j'étais le seul à pouvoir parler allemand, il s'asseyait près de moi pendant les cours et m'accompagnait partout. J'aimais avoir quelqu'un à qui parler et avec qui passer le temps pendant les pauses. Nous parlions un mélange d'anglais et d'allemand. Jens m'apprit beaucoup de mots modernes en allemand que je n'avais jamais lus ou vus, comme *Handy* pour téléphone portable, par exemple, et *Glotze* pour le meuble de télévision. Après son retour en Allemagne, nous restâmes en contact par e-mail. Il m'écrivait en anglais et je répondais en allemand.

L'adolescence fut pour moi une métamorphose : je grandis beaucoup et ma voix mua. Mes parents m'apprirent l'usage d'un déodorant et d'un rasoir. Je trouvais ce dernier difficile à manier et je laissais souvent mon duvet pousser librement. La ruée des hormones affecta la façon dont je voyais les gens autour de moi, dont je ressentais leur présence. Je ne comprenais pas les émotions. C'étaient des choses qui m'arrivaient, c'est tout, venant de nulle part. Tout ce que je savais, c'est que je voulais être proche de quelqu'un. Et comme je ne comprenais pas que cette proximité était avant tout émotionnelle, j'allais vers un étudiant dans la cour et je me tenais le plus près possible de lui, au point de sentir la chaleur de son corps sur ma peau. Je n'avais toujours pas l'idée de ce que pouvait être un périmètre intime et je ne saisissais pas pourquoi cela mettait les gens mal à l'aise.

Dès l'âge de 11 ans, je sus que les garçons m'attiraient, bien que ce ne soit que plusieurs années plus tard que je commençai à me considérer comme « gay ». Les autres garçons de ma classe étaient intéressés par les filles et en parlaient beaucoup, ce qui renforçait encore et toujours mon sentiment d'étrangeté – j'étais déjà plus que conscient que mon monde était différent du leur. Je n'ai jamais ressenti le moindre embarras en ce qui concerne mes sentiments parce que ce n'était pas un choix. Ils étaient spontanés et aussi réels que les changements physiques de la puberté. Toute mon adolescence, j'ai souffert de ne pas avoir confiance en moi, à cause des moqueries dont j'étais l'objet, et de mon incapacité à parler et à agir naturellement avec mes camarades – de sorte que la séduction ne m'apparaissait pas possible. Les cours d'éducation sexuelle ne m'avaient jamais intéressé et n'abordaient pas les émotions que j'éprouvais.

J'avais connu mon premier coup de foudre à 16 ans, après être entré en première. Ma classe était réduite, seulement une douzaine d'étudiants, dont un nouveau, un garçon qui avait récemment déménagé et qui avait, comme moi, choisi l'option « histoire ». Il était grand, il avait de l'assurance, il s'intégrait facilement en dépit de son arrivée récente au lycée, c'était tout mon contraire. Le simple fait de le regarder me rendait bizarre : ma bouche s'asséchait, mon estomac se nouait et mon cœur se mettait à battre très vite. Sans compter que le voir m'empêchait de me concentrer sur les cours. Et quand il était en retard, je n'étais pas plus concentré, je n'attendais qu'une chose : qu'il entre dans la classe.

Un jour, je le vis en train de lire à la bibliothèque du lycée et je m'assis à côté de lui. J'étais tellement nerveux que j'en oubliai de me présenter. Heureusement il me reconnut et continua tout simplement de lire. Je restai assis là, incapable de parler, pendant un quart d'heure, jusqu'à ce que la sonnerie retentisse, qu'il se lève et s'en aille. J'eus plus tard l'idée que si je l'aidais en histoire, ce pourrait être un moyen de faire sa connaissance. J'écrivis des pages et des pages de notes sur les cours du mois précédent et je les lui donnai lorsque je le revis à la bibliothèque. Surpris, il me demanda pourquoi j'avais fait cela. Je lui répondis que je voulais l'aider parce qu'il était nouveau. Il accepta mes notes et me remercia. J'en écrivis d'autres, qu'il n'accepta que parce que je lui affirmai que cela ne m'avait pas posé de problème. Cependant, à aucun moment il ne me parlait comme à un ami ou ne recherchait ma compagnie. Bientôt, comme la situation me rendait nerveux, je lui écrivis un mot très court pour lui expliquer ce que je ressentais, et je le lui donnai. Je quittai aussitôt la pièce, incapable de rester pendant qu'il lisait mes pensées les plus secrètes. Plus tard, à la fin de la journée, alors que je me dirigeais vers les grilles du lycée, je le vis au milieu de l'allée, attendant et guettant quelqu'un. Très mal à l'aise, je voulus tourner les talons et courir, mais c'était trop tard : il m'avait vu. Nous restâmes debout tous les deux dans l'allée, pendant un bref moment de bonheur où il semblait qu'il était entré dans mon monde. Il me tendit mon mot et me dit, simplement et gentiment, qu'il ne pouvait pas être la personne que je voulais qu'il soit. Il n'était pas en colère ou énervé, et ne s'enfuit pas. Il attendait patiemment, en me regardant. Finalement, je baissai la tête et m'en allai.

De retour à la maison, je fis ce que je faisais toujours dans les moments de tristesse et d'indécision : j'écoutai ma musique préférée, ce qui m'apaisait toujours. Mon groupe préféré était les Carpenters, mais j'écoutais aussi beaucoup d'autres musiques comme Alison Moyet ou les Beach Boys. La répétition ne me dérangeait pas, et parfois je me repassais le même morceau une centaine de fois sur mon walkman, pendant des heures.

Mes dernières années de scolarité furent difficiles, mais pour d'autres raisons. Le changement dans la manière dont les cours étaient organisés, et dont les matières étaient étudiées, fut un choc pour moi. En histoire, les thèmes que je connaissais depuis deux ans avaient été remplacés par d'autres, sans aucun rapport avec les précédents et qui ne m'intéressaient pas du tout. La quantité de travail écrit exigée augmenta considérablement. J'eus beaucoup de peine à en venir à bout. Pourtant ma relation avec le professeur d'histoire, Mr. Sexton, était très bonne, bien meilleure qu'avec mes camarades. Il respectait mon amour de la matière et appréciait nos discussions après la classe sur les sujets qui me plaisaient le plus. La flexibilité des deux dernières années de lycée me permettait aussi d'étudier plus à ma façon. Les classes étaient plus petites et plus spécialisées. À la fin de ces deux ans, pourtant, je me sentais épuisé et malheureux. Malgré ma réussite aux examens finaux, je ne parvenais pas à répondre à la question que je me posais continuellement en ce temps-là : Et maintenant ?

7

Un billet pour Kaunas

Mes parents avaient toujours espéré que j'irais à l'Université. Ils m'avaient résolument soutenu pendant mes études et étaient fiers de mes succès scolaires. Mon père comme ma mère avaient quitté l'école sans qualification. Personne dans la famille n'avait fait d'études supérieures. Or l'idée d'aller à l'Université me mettait mal à l'aise. Bien que j'aie travaillé dur, je me sentais toujours aussi emprunté et gêné en société. J'en avais aussi assez d'une classe et je voulais quelque chose de neuf, un défi. Cependant, comme beaucoup d'adolescents de 18 ans, je n'avais pas d'idée claire de ce que cela pouvait être. Quand je dis à ma mère que j'avais décidé de ne pas aller à l'Université, elle me répondit qu'elle était déçue. À cette époque, mes parents n'étaient pas sûrs que je serais parfaitement capable de m'adapter aux exigences du monde extérieur. Après tout, je trouvais toujours que les plus petites choses – comme me brosser les dents ou me raser – requéraient beaucoup de temps et d'efforts.

Chaque jour, je lisais les dernières pages du journal, à la recherche d'offres d'emploi. À l'école, j'avais dit au conseiller d'orientation qu'un jour j'aimerais être une sorte de facteur ou de bibliothécaire. L'idée de travailler dans un centre de tri, de mettre des lettres dans la boîte correspondante, ou dans une bibliothèque, entouré de mots et de nombres, dans des environnements structurés, logiques et calmes, m'avait toujours semblé la meilleure. Mais les bibliothèques de mon quartier ne recrutaient pas ou demandaient des qualifications que je n'avais pas. Je vis alors dans le journal une toute petite annonce qui cherchait des personnes intéressées par du volontariat à l'étranger. J'avais tant lu sur les différents pays dans le monde – je connaissais toutes les capitales européennes par cœur – que l'idée de vivre et de travailler dans un autre pays me parut une perspective à la fois effrayante et très excitante. C'était déjà un grand pas pour moi de l'envisager, mais je savais que je ne voulais pas vivre avec mes parents pour toujours.

J'en discutai avec la famille. Ils n'étaient pas sûrs que ce soit une bonne idée, mais on me dit que je pouvais toujours appeler le numéro de téléphone indiqué dans l'annonce pour avoir plus d'informations. Quelques jours plus tard, des prospectus furent glissés sous la porte. C'était la branche jeunesse du Service volontaire à l'Étranger[1], organisation caritative internatio-

---

1. En anglais : Voluntary Services Overseas (VSO).

nale, qui avait fait passer l'annonce. Elle recherchait plus particulièrement des jeunes gens issus de quartiers défavorisés à qui elle offrait l'occasion d'aller travailler à l'étranger – ce qu'ils n'auraient pas pu faire, autrement. Les candidats sélectionnés seraient envoyés en Europe de l'Est, on leur donnerait une formation et on les paierait pendant le temps de leur mission. J'eus d'autres conversations avec ma famille, je remplis le formulaire de candidature et attendis une réponse.

Je me sentais très angoissé à l'idée de quitter ma famille et de partir pour une nouvelle vie, à des milliers de kilomètres, dans un autre pays. Mais j'étais un adulte à présent, et je savais que je devais faire quelque chose si je voulais un jour m'évader de ma chambre d'enfant et trouver ma voie dans le vaste monde. Mon ami allemand, Jens, m'encouragea à voyager comme il l'avait fait en Grande-Bretagne. Il prétendait que cette expérience me donnerait de l'assurance et m'ouvrirait aux autres. De fait, j'espérais vraiment qu'en voyageant à l'étranger, j'en apprendrais plus sur moi, sur le genre de personne que j'étais.

Une lettre arriva, disant que ma candidature avait été présélectionnée. On m'attendait pour un entretien dans le centre de Londres. Ce jour-là, mes parents me donnèrent de l'argent pour un taxi, afin que je ne sois pas en retard. Mon père m'aida à faire le nœud de ma cravate et j'enfilai une chemise neuve et un pantalon. J'avais oublié d'enlever l'étiquette de ma chemise, qui était restée dans mon dos, et je me grattai jusqu'à ce que ma peau soit rouge et me fasse mal. Arrivé à l'immeuble du VSO, je pris l'ascenseur en regardant les numéros s'afficher sur le petit écran, en haut, puis j'arrivai à la réception et je donnai mon nom. La dame feuilleta quelques pages, traça un bâtonnet avec de l'encre violette et me demanda de prendre un siège. Je savais que ce qu'elle voulait dire était « Asseyez-vous » – et pas *prendre un siège* au sens propre, dans la salle d'attente. Je passai devant son comptoir, je m'assis et j'attendis.

La salle d'attente était étroite et sombre parce que les fenêtres étaient trop petites et trop en hauteur pour laisser passer un peu d'air ou un peu de lumière. Le tapis était décoloré et il y avait des miettes jaunes près de ma chaise où quelqu'un avait mangé un cookie en attendant d'être convoqué. Il y avait des journaux avec plein de pages cornées en pile sur une table au milieu de la pièce, mais la situation ne prêtait pas à la lecture. Je baissai la tête et comptai les miettes. Soudain une porte s'ouvrit et l'on appela mon nom. Je me levai et entrai dans le bureau en prenant garde de ne pas heurter la pile de magazines qui se trouvait sur mon chemin. Le bureau avait une grande fenêtre et était très lumineux. Derrière son bureau, une femme me serra la main et m'invita à prendre place. Elle avait aussi beaucoup de papiers. Puis vint la question que j'avais le plus espérée : « Qu'est-ce qui vous fait penser que vous seriez un bon volontaire ? » Je regardai le sol et pris une grande inspiration en tâchant de me souvenir de ce qu'avait dit ma mère quant à tout tourner en quelque chose de positif : « Je peux réfléchir avec beaucoup de prudence devant une situation. Je peux comprendre et respecter la différence et je suis très curieux d'apprendre. »

D'autres questions suivirent. On me demanda si j'avais une relation avec quelqu'un qui me manquerait si je partais à l'étranger (je n'en avais pas) et si je me considérais comme une personne tolérante aux autres pays et aux autres cultures (je l'étais). On me demanda également ce que je souhaitais faire comme travail en tant que volontaire, quel était celui pour lequel je me croyais le meilleur. Je répondis que j'avais parfois aidé des élèves plus jeunes à travailler leurs langues étrangères et que je serais ravi d'enseigner l'anglais. La femme sourit et écrivit quelque chose dans ses notes. Puis elle me demanda ce que je savais de l'Europe de l'Est. Je dis que j'avais étudié l'histoire de l'Union soviétique à l'école et que je connaissais le nom de toutes les capitales des différents pays. Elle me coupa la parole pour me demander si cela me gênerait de vivre dans un pays plus pauvre. Je restai silencieux quelques instants parce que je n'aimais pas être interrompu. Puis je levai la tête et dis que cela ne me gênerait pas. J'apporterais les choses dont j'avais vraiment besoin comme des livres, des vêtements et des cassettes de musique.

À la fin de l'entretien, la femme se leva pour me serrer la main. Je serais bientôt informé de leur décision. De retour à la maison, ma mère me demanda comment ça s'était passé. Je ne savais que répondre : je n'en avais aucune idée. Quelques semaines plus tard, je reçus une lettre qui me disait que j'avais réussi l'étape de l'entretien et que l'on m'attendait dans un centre des Midlands pour une semaine de formation, le mois suivant. J'étais content d'avoir réussi mais très angoissé aussi parce que je n'avais jamais voyagé tout seul en train. Un itinéraire était joint à la lettre, qui expliquait comment se rendre au centre de formation pour ceux qui venaient en train : je l'appris par cœur, mot à mot, pour me rassurer. Quand vint le matin du départ, mes parents m'aidèrent à finir mes bagages et mon père m'accompagna à la gare. Nous fîmes la queue tous les deux pour acheter un billet et il s'assura que c'était le bon quai avant de me dire au revoir alors que j'embarquais.

C'était une chaude journée d'été. Dans le train, l'air était presque absent ou irrespirable. Je trouvai vite une place près de la fenêtre, sans personne à côté de moi. Je posai mon sac par terre et le serrai entre mes jambes. Le siège était mou, quasi spongieux, et, quelle que soit la position, je n'étais pas assis confortablement. Je n'aimais pas le train. C'était sale, avec sur le sol des emballages vides de sucreries et un journal froissé sur le siège vide en face de moi. Quand le train s'ébranla, il y eut un grand bruit : j'eus du mal à me concentrer sur autre chose et je comptais les éraflures sur la vitre à côté de moi. Petit à petit, le train se remplit de voyageurs, gare après gare, et je sentais monter l'anxiété à mesure que leur nombre augmentait autour de moi. La cacophonie des bruits – pages de magazine, walkmans trop forts, soupirs, conversations à voix haute, ronflements – me mettait mal à l'aise et je pressais mes mains sur mes oreilles quand je sentais que ma tête était sur le point d'éclater en mille morceaux.

Quand le train atteignit enfin sa destination, ce n'était pas trop tôt. J'en ressentis un soulagement certain, mais je m'inquiétai de mon sens médiocre de l'orientation. J'avais peur de me perdre franchement. Par bonheur, je trouvai un taxi vide dans lequel je montai et donnai l'adresse au chauffeur. Il me conduisit en quelques instants devant un grand immeuble rouge et blanc entouré d'arbres, comme parsemé de fenêtres, avec une plaque qui annonçait : « Harborne Hall – Centre de conférences et de formation ». À l'intérieur, on me donna un prospectus qui relatait l'histoire du lieu, un ancien couvent du XVIIIᵉ siècle. L'entrée était sombre, avec des piliers de bois brun, des fauteuils de cuir marron foncé et un escalier et une rampe en bois, en face de l'accueil. On me donna un badge avec mon nom – que je ne devais pas retirer pendant mon séjour au centre. C'était à la fois une clef, le numéro de ma chambre et le programme de formation de la semaine.

À l'étage, ma chambre était lumineuse et fraîche. Il y avait un petit lavabo dans le coin de la pièce, mais les toilettes et les douches étaient situées de l'autre côté du bâtiment. La pensée de devoir utiliser des sanitaires communs m'était très déplaisante et je me levai toute la semaine très tôt pour être sûr de pouvoir entrer et sortir de la salle de bain avant que quiconque ne soit levé.

Le premier jour, j'appris que l'on m'avait attribué une classe d'anglais en Lituanie. Je connaissais le pays de nom, comme sa capitale : Vilnius. On me donna des livres et des brochures pour que je puisse en savoir plus sur le pays et ses habitants. Ensuite, une séance de rencontre était organisée, avec une douzaine d'autres jeunes gens qui allaient aussi être envoyés dans différents postes en Europe de l'Est. Nous nous assîmes en cercle : nous avions chacun une minute pour nous présenter. J'étais très nerveux et je ne pensais qu'à ne pas oublier de regarder les gens dans les yeux en disant mon nom et le pays où j'allais. Parmi les autres volontaires dont je fis la connaissance, il y avait un Irlandais aux longs cheveux bouclés qui allait en Russie. Également une jeune femme qui avait eu un poste pour s'occuper d'enfants en Hongrie.

Il y avait de longues périodes creuses où nous n'avions rien à faire. Les volontaires en profitaient pour socialiser dans la salle de jeux, parler et jouer au billard. Je préférais rester dans ma chambre et lire, ou aller dans la salle de documentation pleine de livres et de cartes pour étudier en paix. Pendant les pauses-repas, je me précipitais pour être le premier à table et manger le plus vite possible afin d'éviter que des gens s'installent à côté de moi. À la fin de chaque jour, je m'asseyais tout seul sur l'herbe des jardins cloîtrés, à l'extérieur de Harborne Hall, je regardais les arbres qui tenaient bon dans la chaleur, dressés dans les couleurs évanescentes du ciel du soir. Je m'absorbais dans mes pensées et dans mes sentiments. J'éprouvais de l'angoisse, bien sûr, à l'idée de ce voyage. Je me demandais également si j'allais ou non donner satisfaction, à ce poste. Mais il y avait autre chose aussi : l'excitation de prendre finalement en charge ma vie et mon destin. Cette pensée-là me coupait le souffle.

La formation comportait trois parties dont la première, consacrée au travail d'équipe, était destinée à susciter coopération et participation. Les volontaires étaient répartis en petits groupes. Ils devaient concevoir un système pour retirer des balles en plastique de couleur d'une boîte – chaque équipe avait la sienne – selon des enchaînements particuliers. Quand on me donnait des instructions simples et claires, je réussissais bien et j'étais plutôt heureux de faire ma part de travail. Des exercices comme celui-là pouvaient parfois durer quelques heures et le plus grand défi pour moi était de rester concentré.

On avait également organisé des groupes de discussion sur les valeurs et les pratiques culturelles qui étaient censées stimuler le débat entre nous, promouvoir la tolérance et battre en brèche les préjugés. Après avoir vu tous ensemble un film sur les différentes traditions alimentaires dans le monde, l'instructeur demanda au groupe son sentiment sur l'habitude qui consiste à noyer ses aliments dans la graisse animale, de manière systématique. Beaucoup des volontaires firent la grimace en disant que cela semblait dégoûtant. Réalisant qu'il s'agissait probablement de beurre (c'est effectivement à cela que pensait l'instructeur), je répondis que je n'avais absolument rien contre.

Vers la fin de la semaine, nous assistâmes à une conférence sur les pays d'Europe de l'Est, leur géographie et leur situation politique. La conférence dura une heure pendant laquelle chacun était censé prendre des notes. J'écoutais, mais n'écrivais pas. Le conférencier me demanda à un certain moment pourquoi je ne prenais pas de notes. Je répondis que je pouvais me souvenir de tout ce qu'il avait dit et que je prenais des notes mentales, dans ma tête. J'avais toujours fait ainsi, j'avais passé mes examens à l'école de cette façon. Il me posa plusieurs questions pour me tester et il ne parvint pas à me prendre en défaut.

De retour à la maison après la formation, j'attendis la confirmation de mon poste en Lituanie. Je reçus bientôt un paquet avec des notes, des cartes, des noms, des numéros de téléphone, une accréditation, le détail de mon poste et mon billet d'avion. Mes parents étaient très angoissés pour moi et se demandaient si j'allais pouvoir réussir à vivre loin de la maison, si longtemps. Mais moi, j'étais seulement très excité à l'idée de faire ce que je considérais comme un grand pas en avant dans ma vie. J'avais du mal à le croire, mais à presque vingt ans, je déménageai finalement à mille trois cents kilomètres de chez moi.

La république de Lituanie est l'un des trois pays Baltes, entouré par la Lettonie au nord, le Belarus au sud-est, la Pologne au sud et l'enclave de Kaliningrad (Russie) au sud-ouest. En 1940, pendant la Seconde Guerre mondiale, la Lituanie fut annexée par l'Union soviétique. Puis les Allemands l'envahirent et l'Union soviétique ne la récupéra qu'en 1945. Le dimanche 11 mars 1990, la Lituanie fut la première république soviétique à proclamer son indépendance. L'armée soviétique tenta d'y répondre – il y eut notamment un incident dans l'immeuble de la télévision de Vilnius, qui fit plusieurs morts dans la population – en vain. En 2004, la Lituanie est devenue membre à part entière de l'OTAN et de l'Union européenne.

Dans le taxi pour l'aéroport, je regardais les voitures qui passaient et je les comptais. Ma tête me faisait mal et je me sentais malade. Je ne pouvais pas croire que je ne verrais pas ma famille pendant toute une année. Avant de partir, j'avais promis à ma mère de lui téléphoner toutes les semaines en lui faisant le compte rendu de mes progrès et de mon alimentation. À l'embarquement, tout était étonnamment calme – nous étions en octobre et les vacances d'été étaient loin – et je n'eus pas de problèmes à faire enregistrer mes bagages et à passer les contrôles de sécurité. Après une longue attente, que je passai à faire les cent pas et à regarder l'écran qui annonçait les départs, mon vol s'inscrivit enfin et je courus à la porte d'embarquement pour monter dans l'avion. Il était à moitié vide, et je ressentis un grand soulagement quand je vis que je n'avais personne à côté de moi. Je me calai dans mon siège et relus les notes que le centre de formation m'avait envoyées, m'entraînant à voix basse à prononcer le nom des gens et des lieux. Personne ne me dérangea pendant le vol et en arrivant je vérifiai que j'avais bien mon appareil photo : l'hiver allait venir et j'avais l'intention de beaucoup photographier la neige.

À la douane, il n'y avait pas une longue file d'attente et les policiers, habillés tout en noir, se contentaient d'observer les voyageurs. Mon passeport fut contrôlé, tamponné en rouge des mots

Lietuvos Respublika (République de Lituanie) et je passai. Après avoir récupéré mes bagages, je fus accueilli par le coordinateur de l'organisation pour les pays Baltes qui me conduisit à mon appartement, à Kaunas, la deuxième ville de Lituanie, au centre du pays.

L'immeuble était en béton et en métal, avec un jardin potager qu'entretenaient ses habitants – tous entre 70 ou 80 ans. C'était un quartier calme, loin des grandes artères et de la circulation. On me présenta au propriétaire, un homme aux cheveux argentés, Jonas, qui m'expliqua en mauvais anglais les règles de vie de l'immeuble et comment faire des choses simples – monter ou baisser le chauffage, par exemple. Il me laissa son numéro de téléphone en cas d'urgence. Le coordinateur me confirma l'adresse du centre où j'allais travailler et me donna des instructions écrites pour m'y rendre en trolleybus. Nous étions vendredi, j'avais tout le week-end pour m'installer.

Mon appartement était étonnamment spacieux et comportait une cuisine, un salon, une salle de bain et une chambre. L'intérieur était décoré de tissus lourds et sombres, ce qui le rendait souvent sinistre, les jours sans soleil. La cuisine avait un vieux four, des placards et un réfrigérateur. Sur les murs, des carreaux blancs, dont certains ébréchés. Dans le salon, il y avait tout un panneau de photos et d'objets qui appartenaient à la famille de Jonas, ainsi qu'une petite table, un canapé et une télévision. Dans la salle de bain, je trouvai une douche et une machine à laver, un luxe à cette époque en Lituanie. Ma chambre était de bonne taille, avec une grande armoire, une table, une chaise, un lit et un téléphone. Ce serait donc mon refuge pour ces neuf prochains mois.

Pendant le week-end, j'étais trop angoissé pour quitter l'appartement et explorer les alentours. Je m'occupai à défaire mes bagages et à m'habituer aux différentes choses de l'appartement. Je regardai un peu la télévision et je compris bientôt que la plupart des émissions étaient américaines, seulement sous-titrées en lituanien. Dans la cuisine, Jonas m'avait laissé l'essentiel : du lait, du pain, des céréales. Je n'avais jamais dû me faire à manger, avant, et je commençai par des sandwiches et des bols de céréales. Il me faudrait bientôt tout mon courage pour mon premier voyage en centre-ville.

Le lundi matin, je me réveillai tôt, pris une douche et enfilai un épais manteau avec une écharpe. Il faisait déjà très froid, bien que l'hiver ne se soit pas encore installé. Une petite marche m'amena jusqu'à la rue principale du quartier. Le coordinateur m'avait dit que je pouvais acheter des tickets de trolleybus dans les kiosques à journaux qui émaillaient les trottoirs des grandes villes lituaniennes. Ayant appris par cœur le contenu de mon manuel de conversation lituanien – donné par le centre avec mon kit de volontaire – je demandai *vieną troleibusų bilietą* (un billet de trolleybus) et l'on me donna un petit ticket rectangulaire en échange de quelques *litas* (la monnaie lituanienne). Le bus se traînait sur toute la rue, longue et escarpée, s'arrêtant presque à chaque minute pour laisser monter des voyageurs supplémentaires. Il y avait des hommes en cape et en lourds manteaux de fourrure,

162

des jeunes femmes avec des enfants à chaque bras et de toutes petites vieilles dames avec la tête couverte d'un foulard et d'innombrables sacs plastiques à leurs pieds. Avec si peu de sièges et si peu d'espace pour se tenir debout, le bus devint rapidement irrespirable. Je me sentais malade et confus, cherchant de l'air comme si je me noyais dans une mer humaine. À l'arrêt suivant, je me levai d'un coup, frappant quasiment un homme près de moi, et je me frayai un chemin, la tête en avant, vers l'air pur et libre. Je tremblais, j'étais en sueur et j'eus besoin de plusieurs minutes pour me calmer.

Je marchai tout le reste du trajet, montant la *Savanoriu Prospectas* (avenue des Volontaires) jusqu'au numéro 1, un grand immeuble de béton brun. Je montai deux étages – les marches étaient elles aussi en béton – et je sonnai à la porte qui s'ouvrit sans prévenir. Une petite femme très maquillée, avec beaucoup de bijoux, m'accueillit en bon anglais : « Bienvenue ! Vous devez être Daniel ? Entrez, je vous en prie. Comment trouvez-vous la Lituanie ? » Je répondis que je n'en avais pas vu grand-chose. La femme se présenta : Liuda, la directrice et fondatrice du centre.

Le centre de Liuda s'appelait le *Socialiniu Inovaciju Fondas* (Fonds d'Innovation sociale), une organisation non gouvernementale pour les femmes sans emploi et sans ressources. Beaucoup de Lituaniens avaient perdu leur emploi après la fin de l'Union soviétique et l'idée lui était venue de créer une organisation pour aider les femmes comme elle dans le nouveau système économique.

Les volontaires faisaient le plus gros travail et leur rôle était essentiel à la survie du centre. Comme moi, certains venaient de l'étranger, proche ou lointain : je préparais par exemple mes cours d'anglais avec Neil, un volontaire américain septuagénaire, de l'American Peace Corps. Il aimait évoquer ses souvenirs pendant les pauses-café, me racontant comment il avait construit sa maison aux États-Unis et le mobile-home qu'il avait acheté avec sa femme pour visiter les cinquante États de l'Union pendant leur retraite.

L'autre professeur du centre s'appelait Olga, une femme russe avec des cheveux roux et bouclés, et des lunettes teintées. Quand elle parlait, je pouvais voir ses deux dents en or à chaque coin de sa bouche. Olga comprenait mon angoisse à l'idée de vivre dans un environnement complètement différent et m'expliqua qu'il était normal d'éprouver le mal du pays ou de me sentir nerveux au moment de commencer quelque chose de nouveau. J'appréciais beaucoup ses bonnes paroles.

Mon rôle de volontaire prenait tout son sens dans la salle de classe. Le centre fournissait quelques cahiers et quelques feuilles de papier, mais les autres ressources étaient réduites et je pouvais organiser mon cours comme je l'entendais, ce qui me convenait très bien. Les femmes qui assistaient à mon cours étaient d'âges, d'origines et d'éducations différentes, et jamais plus de douze, ce qui signifiait que les étudiantes se connaissaient toutes très bien et que l'atmosphère était toujours détendue et amicale. Au début, je fus très nerveux à l'idée d'être face à mes élèves et de diriger la classe, mais tout le monde fut très gentil et très positif. Je devins bientôt de plus en plus sûr de moi dans mon nouveau rôle.

C'est pendant ces cours que je recontrai une personne qui allait devenir l'une de mes amies les plus proches, une femme entre deux âges, Birute. Elle avait travaillé comme traductrice et son anglais était déjà bon, mais elle manquait de confiance en elle et avait choisi ce cours pour s'entraîner. Après la classe, elle venait me parler et me demander comment je trouvais la vie en Lituanie. Un jour, elle me demanda si je voulais un guide pour me faire visiter les alentours. Jusque-là j'avais été trop angoissé à l'idée de m'aventurer seul dans les rues et j'acceptai avec reconnaissance.

Nous remontâmes la grande rue piétonne de Kaunas, *Laisves Aleja* (avenue de la Liberté), longue de 1 621 mètres, dans le centre-ville. À une extrémité de l'avenue, l'église Saint-Michel, une construction surmontée par un grand dôme bleu, avec des colonnes blanches qui brillaient et luisaient au soleil. L'église avait été une galerie d'art pendant la période soviétique et n'avait été rendue aux fidèles qu'à l'indépendance du pays. À l'autre bout de l'avenue, Birute me montra la vieille ville de Kaunas avec ses rues pavées et son château de briques rouges, la première forteresse du pays, qui datait du XIIIe siècle.

Chaque jour, aux environs de midi, après le cours du matin, Birute m'attendait et nous allions déjeuner ensemble dans une cantine locale. Des rituels comme celui-ci m'aidèrent à me sentir chez moi dans ma nouvelle vie, en donnant à chaque journée une forme solide et prévisible qui me rendait heureux. La cantine était en sous-sol, mal éclairée et à moitié remplie. La nourriture était abondante et ne coûtait rien, incluant beaucoup de plats traditionnels lituaniens, comme la soupe de betterave à la crème avec des petits pâtés à la viande. Mes habitudes alimentaires avaient beaucoup changé depuis l'enfance et désormais j'aimais des choses très différentes. Quand il n'y avait pas de cours l'après-midi, nous nous rendions dans un restaurant de la *Laisves Aleja*. Mon plat favori était le plat national lituanien, le *Cepelinai*, ainsi appelé à cause de sa ressemblance avec un Zeppelin. Il s'agissait de pommes de terre râpées et de morceaux de viande bouillie servis avec de la crème caillée.

Mon amitié pour Birute s'approfondit avec le temps. Elle montrait toujours une grande patience et beaucoup de compréhension. Elle m'écoutait et me donnait des conseils et des encouragements. Je ne sais pas comment j'aurais survécu en Lituanie sans elle. Quand quelques femmes du centre me dirent qu'elles avaient besoin de plus de cours mais qu'elles ne pouvaient pas se les payer, j'eus l'idée d'organiser chez moi une séance de conversation hebdomadaire que Birute m'aida à organiser. Les femmes apportaient des petits gâteaux et nous préparions le thé et le café, puis chacun s'asseyait sur des chaises ou dans le canapé et commençait à parler en anglais de tout et de rien. Un soir, Birute nous montra des diapos de ses vacances et le groupe discuta de ses propres expériences de voyages.

Fréquemment, les femmes de mon cours et du centre me demandaient si j'avais des amis de mon âge. La déléguée de Liuda, Inga, me présenta à son neveu, qui avait trois ans de moins que moi, et nous encouragea à nous fréquenter. Peter parlait bien anglais, il était plutôt timide et très poli. Nous allâmes au cinéma ensemble voir des films américains. Quand le son était trop fort, je me bouchais les oreilles, ce qu'il n'a jamais semblé remarquer.

Il y avait d'autres volontaires anglais dans le pays et nous étions incités à garder contact pour avoir du soutien en cas de besoin. Un autre volontaire, Vikram, avait terminé un diplôme de droit à l'Université avant de se rendre compte qu'il ne voulait pas être avocat. Nous n'avions pas grand-chose en commun – il parlait beaucoup de football et de rock, et d'autres thèmes qui ne m'intéressaient pas – et nos conversations étaient souvent ponctuées de longues périodes de silence. J'ai toujours trouvé très difficile de soutenir une conversation sur un sujet qui m'ennuie, comme si les mots ne voulaient pas sortir.

Denise, une autre volontaire, était une grande femme mince, galloise, d'une trentaine d'années, très énergique dans ses actes et ses paroles. Elle habitait à Vilnius et invita un jour les volontaires de Kaunas à venir visiter la ville. Nous voyageâmes en bus – je me mis tout au fond pour ne pas être cerné par les passagers – jusqu'à la capitale, pendant une heure cahotante. Vilnius était très différente de Kaunas – les gens y marchaient plus vite et on y voyait beaucoup de constructions récentes en métal et en verre qui brillaient.

L'appartement de Denise était propre et peint de couleurs vives, avec du parquet. Les chaises de la cuisine étaient en bois avec des dossiers arrondis comme des collines. J'aimais passer ma main dessus, ils avaient une texture légèrement grumeleuse et toilée. Nous bûmes du thé et mangeâmes des gâteaux, en regardant les photos que Denise avait prises jusque-là. J'aimais la manière qu'avaient les autres volontaires de m'encourager à participer à leurs conversations, sans jamais me montrer que j'étais différent. Les volontaires avaient chacun leur propre personnalité et étaient tous très ouverts et très amicaux.

La volontaire la plus expérimentée était une femme anglo-indienne, Gurcharan. Elle avait des cheveux épais et bouclés, et portait des saris de couleur vive. Son appartement était proche du mien à Kaunas et elle venait régulièrement avec des sacs remplis de linge pour utiliser ma machine à laver. En retour, Gurcharan m'invitait à son appartement après les cours, pour manger et discuter. Les murs des pièces étaient tous décorés de photos d'Inde et la table du salon était couverte de bougies et de bâtons d'encens. Gurcharan parlait très vite et parfois je la trouvais difficile à suivre. Elle était très ouverte et me parlait beaucoup de sa vie personnelle pour m'inciter à faire de même. Je n'avais pas de vie personnelle et je ne savais pas quoi dire. Quand elle me demanda si j'avais une petite amie, j'ai dû rougir car elle me demanda juste après si j'étais gay. D'une certaine façon, la succession rapide des questions avait quelque chose d'intrusif, comme le plic-ploc continu de la pluie sur mon crâne, et il me fallut du temps pour lui répondre. Elle me sourit en retour et me demanda si j'avais des amis gays. Je secouai encore une fois la tête.

Dans l'une des brochures que le centre avait remises aux volontaires avant le départ, il avait une liste de numéros utiles que je gardais près de mon téléphone. Ma conversation avec Gurcharan me poussa à appeler l'un des numéros, celui d'une association gay en Lituanie, et à prendre rendez-vous avec l'un de ses membres, à l'extérieur de la ville, après ma journée de travail. J'étais fatigué de ne pas savoir qui j'étais, de ce sentiment d'être déconnecté d'une partie de moi dont j'avais eu conscience très tôt. Ce coup de fil fut l'une des décisions les plus importantes de ma vie. Le lendemain, pendant mes cours, je sentais mon pouls qui battait et je ne pus rien avaler. Plus tard, marchant dans la rue vers l'hôtel de ville, je tremblais sans arrêt et j'eus toutes les peines du monde à ne pas faire demi-tour en courant. En approchant du lieu de rendez-vous, je vis que la personne que je devais rencontrer était déjà arrivée et m'attendait calmement. Il était grand et mince, et portait une veste noire qui s'accordait à la couleur de ses cheveux.

Vytautas – un nom très répandu en Lituanie – avait mon âge et était très heureux de rencontrer un Britannique. Son anglais était très bon parce qu'il adorait regarder des films et des émissions de télévision américains. Il m'invita à lui rendre visite, à lui et à son ami, Žygintas, chez eux, le week-end suivant. J'acceptai. Comme je n'aimais pas la foule des trolleybus, ils vinrent me chercher en voiture pour traverser la ville. Dans leur appartement, il y avait beaucoup de choses – un grand écran de télévision, une platine laser – qui étaient relativement rares en Lituanie, à l'époque. Žygintas adorait la musique anglaise et il avait beaucoup de CD qu'il mit pour moi. Pendant le repas, nous discutâmes de leur vie respective – Vytautas était étudiant et Žygintas travaillait dans un cabinet dentaire. Ils s'étaient rencontrés grâce à l'association et sortaient ensemble depuis plusieurs années. Dans les semaines qui suivirent, je leur rendis visite régulièrement pour parler de l'actualité, manger et écouter de la musique. Il faisait toujours nuit quand je repartais et, bien que Žygintas soit toujours inquiet pour ma sécurité et offre toujours de me raccompagner, je préférais marcher dans le silence, dans les longues rues vides éclairées par la lune.

Gurcharan, très curieuse de cette amitié avec Vytautas et Žygintas voulut les rencontrer. Elle proposa de nous préparer un repas chez elle et nous acceptâmes joyeusement. Quand le soir arriva – c'était l'automne, il faisait froid –, il nous fallut plusieurs minutes pour enlever les manteaux, les chapeaux, les écharpes et les gants. Gurcharan était dans la cuisine, occupée à préparer plusieurs plats en même temps, l'odeur des épices remplissait la pièce et aiguisait notre appétit. La lumière attardée du jour s'évanouit rapidement et fut remplacée par la lueur chaude et intermittente des bougies disposées sur les étagères et sur les boîtes. On remplit les verres de vin et la nourriture fut disposée tout autour de la table dans des assiettes. Il y avait plusieurs currys de légumes et de viande, avec du riz. Gurcharan se montra bavarde, comme toujours, et posa des questions à Vytautas et à Žygintas pendant tout le repas. J'essayai du mieux que je pus de suivre la conversation en mangeant la délicieuse cuisine de Gurcharan, mais la plus grande partie de l'échange ne m'intéressait pas. Après avoir fini de manger, je pris un livre sur une étagère et commençai à lire. Je fus gêné quand Gurcharan s'exclama que c'était très impoli. Je n'avais pas compris que j'étais grossier. Juste à ce moment-là, alors qu'il finissait son assiette, Žygintas s'arrêta d'un coup et cria un mot en lituanien qu'il nous traduisit tout de suite en anglais : « Une souris ! Tu as une souris ! » Il nous montra l'endroit de la cuisine où elle venait d'apparaître et de disparaître, juste devant lui. Gurcharan sourit légèrement et dit seulement : « Oui, je sais. » Elle n'avait aucun problème pour vivre avec une souris, nous dit-elle, elle avait déjà vécu avec une souris en Angleterre. Tant qu'elle ne la dérangeait pas, elle ne voyait pas de raisons de s'en inquiéter. Je n'avais jamais eu la chance de voir une souris de si près et j'étais déçu de l'avoir ratée. La conversation reprit et, cette fois, personne ne sembla s'offusquer quand je repris ma lecture. À la fin de la soirée, Gurcharan s'approcha pour nous embrasser. Comme j'hésitais, elle me tendit la main et me la serra fort. Elle savait que j'étais différent et elle me dit qu'elle était fière de moi et des risques que je prenais.

Environ une semaine plus tard, j'étais dans la cuisine de mon appartement en train de me faire des sandwiches quand je remarquai un petit mouvement sur le mur carrelé, devant moi. En me rapprochant, je vis que c'était un insecte que je n'avais jamais vu avant. Le lendemain, au centre, je demandais à Birute ce qu'il en était. « C'est un *tarakonas* », dit-elle en cherchant pendant quelques instants la traduction anglaise : « Un cafard. » Les insectes – comme je l'appris bientôt – sont un problème récurrent dans beaucoup d'immeubles anciens en Lituanie. Jonas était désolé et promit de s'en occuper. Cependant, tout l'immeuble était infesté et, comme mes voisins étaient des personnes âgées, cela prendrait du temps. En attendant, Jonas me donna un vaporisateur. Je n'aimais pas trop les cafards, même si je les trouvais amusants quand j'en voyais un qui tentait d'écouter une conversation ou de regarder la télévision. Quand j'évoquai le problème avec mes parents au cours de l'un de mes comptes rendus réguliers, ils furent mécontents et je dus les rassurer quant à la propreté irréprochable de mon appartement, à ma santé et à la célérité avec laquelle mon propriétaire allait traiter le problème. Il fallut plusieurs semaines à Jonas pour que l'immeuble soit entièrement traité – et même après cela, les cafards persistèrent, ponctuellement, réapparaissant de temps en temps.

L'hiver s'installa inexorablement dans les mois qui suivirent, avec ses importantes chutes de neige et un froid rude dans tout le pays. Les températures tombaient la nuit à –30° à Kaunas. Mon appartement n'étant pas situé dans un immeuble moderne, s'avéra médiocrement isolé et difficile à chauffer. J'empruntai un radiateur à l'un des travailleurs volontaires du centre qui venait d'en acheter un neuf et qui était content de me le céder. Je l'installais dans le salon quand je regardais la télévision ou que je lisais, puis, le soir, je le déplaçais dans la chambre pour dormir. Après une intervention de Birute à qui j'avais expliqué mes problèmes, Jonas colla des isolants autour de la porte et des fenêtres. À l'exception de ce froid sévère, j'adorais l'hiver : la sensation craquante de s'enfoncer dans plusieurs centimètres de neige fraîche sur le chemin du centre, et cette vision d'un blanc brillant tout autour de moi. La nuit, j'enfilais parfois mon manteau et mes bottes pour aller marcher dans les rues silencieuses pendant que les flocons de neige tourbillonnaient autour de ma tête. Je m'arrêtais sous un réverbère allumé, jetais ma tête en arrière, écartais les bras et me mettais à tourner, et tourner encore, sur moi-même.

En décembre, alors que Noël approchait, les femmes du centre me demandèrent quelles étaient mes intentions pour les fêtes. Je réalisai que ce serait mon premier Noël loin de ma famille et que ce serait un moment particulier à partager avec les autres. L'une de mes collègues du centre, Audrone, insista pour que j'aille passer les fêtes avec elle et sa famille. En Lituanie, le soir de Noël est plus important que le jour de Noël, et sa préparation nécessite des heures de travail. La maison est nettoyée, chacun se lave et s'habille de frais avant le repas du soir. Audrone et son mari vinrent me chercher en voiture. En arrivant, je remarquai que le mari d'Audrone était exceptionnellement grand – près de deux mètres. Il me rappelait le chiffre 9.

Je rencontrai le fils d'Audrone et sa mère. Tout le monde me souriait et semblait content de me rencontrer. Le couloir qui menait au salon était sombre, long et étroit, mais en sortant de cet obscur tunnel, je fus soudain assailli par des couleurs et des lumières brillantes. Une grande table au centre de la pièce était recouverte d'une nappe douce avec des brins de paille en dessous. On m'expliqua que c'était pour nous rappeler que Jésus était né dans une étable et que son berceau était garni de foin. Il y avait douze plats sans viande sur la table (leur nombre correspondait aux douze apôtres), dont du hareng salé, du poisson, une salade de légumes d'hiver, des pommes de terre bouillies, du chou, du pain, du gâteau aux airelles et du lait aux graines de pavot. Avant le repas, le mari d'Audrone donna à chacun, y compris moi, une gaufrette de Noël. Il offrit alors sa gaufrette à Audrone qui en prit un morceau avant de la faire passer et de donner la sienne à son mari. Nous fîmes tous de même jusqu'à ce que chacun ait un morceau de la gaufrette des autres. Il n'y avait pas d'ordre particulier dans la succession des plats, mais on m'expliqua qu'il était d'usage de manger un peu de tout. Chacun symbolisait quelque chose d'important pour l'année à venir : le pain, par exemple, représentait l'abondance pour les mois à venir ; les pommes de terre, l'humilité. Mon préféré était le lait de pavot – *aguonu pienas* en lituanien – servi avec des petits beignets. Le lait était préparé avec des graines de pavot ébouillantées qu'on mélangeait avec de l'eau, du sucre ou du miel et des amandes. Pendant le repas, Audrone m'expliqua certaines croyances lituaniennes à propos de Noël. Par exemple, on croit qu'à minuit, le jour de Noël, l'eau des torrents, des rivières, des lacs et des puits se change en vin, même si ce n'est que pour un instant. À minuit également, les animaux peuvent parler, même si les gens n'ont pas le courage de faire l'effort de les entendre. Le jour suivant, le 25 décembre, la famille m'emmena dans un parc enneigé et nous parlâmes en marchant sur les bords d'un grand lac gelé. Ce fut un Noël dont je me souviendrai.

L'une des expériences les plus gratifiantes de mon séjour en Lituanie fut mon apprentissage de la langue lituanienne. Quand je dis pour la première fois aux femmes de mon cours que je souhaitais l'apprendre, elles restèrent perplexes : pourquoi voulais-je donc apprendre une langue si peu répandue et si difficile ? Il était certes vrai que beaucoup de Lituaniens parlaient assez d'anglais pour que je n'aie pas à apprendre le lituanien. De fait, aucun des autres volontaires britanniques ne pouvait dire plus de quelques mots. Y compris Neil, le volontaire des US Peace Corps. C'était considéré comme très bizarre qu'un étranger évoque seulement le souhait d'apprendre le lituanien. Néanmoins, c'était la langue que j'entendais tous les jours autour de moi et je savais que je me sentirais bien plus à l'aise si je pouvais m'adresser à mes amis, mes étudiants et mes collègues du centre dans leur langue.

Birute était plus qu'heureuse de me venir en aide. Elle était très fière de sa langue et adorait la parler avec moi. J'écrivais les mots sur un papier pour m'aider à les visualiser et je lus des livres pour les enfants que les filles de Birute avaient lus quand elles étaient plus jeunes. Birute m'apprit également une comptine populaire lituanienne :

Mano Batai buvo du
Vienas dingo, nerandu.
As su vienu batuku
Niekur eiti negaliu

Ce qui signifie : « J'ai deux chaussures, j'en ai perdu une. Je ne peux pas la trouver. Avec une seule petite chaussure, je ne peux aller nulle part ! »

Après quelques jours d'apprentissage, je fus capable de construire mes propres phrases, à la grande surprise de Birute. Et après quelques semaines, j'étais capable de converser facilement. Mes collègues du centre, à qui j'avais demandé de me parler le plus possible en lituanien, m'aidaient beaucoup. Tous les gens à qui je parlais me complimentaient pour mon bon lituanien, y compris l'un de mes voisins âgés qui fut particulièrement étonné qu'un jeune Anglais puisse discuter avec lui dans sa propre langue. Ce fut également un gros avantage lorsque je fus invité avec d'autres volontaires pour un repas au restaurant. Le serveur ne comprenait pas l'anglais, au grand désarroi des volontaires, et je traduisis notre commande en lituanien. Cela ne me gênait pas d'être à l'occasion l'interprète des autres volontaires parce que je trouvais l'expérience très intéressante et que c'était une occasion supplémentaire pour moi de pratiquer mes talents linguistiques.

Une fois, je fus même pris pour un Lituanien. Rentrant un jour du centre à la maison, un homme qui cherchait sa direction vint vers moi, insistant même quand je lui répondis en lituanien que je ne connaissais pas l'endroit. À un certain moment, je m'arrêtai et lui dis : « *Atsiprašau, bet tikrai nežinau. Aš nesu Lietuvis. Esu iš Anglijos.* » (« Excusez-moi, mais je ne sais vraiment pas. Je ne suis pas lituanien. Je viens d'Angleterre. ») Ses yeux s'ouvrirent grand comme des soucoupes et il s'excusa.

Au printemps, j'étais complètement installé dans ma vie lituanienne. J'avais petit à petit mis en place une routine qui m'apportait paix et sécurité et qui m'aidait à faire face aux changements. Tôt le matin, juste avant le lever du jour, je me levais pour enfiler des vêtements chauds et me promener dans le grand parc peuplé de chênes. Les arbres étaient grands comme s'ils essayaient d'atteindre le ciel et me rassuraient à chaque fois que je faisais ma promenade, avant ma journée de travail, selon un itinéraire immuable. Rentré chez moi, je prenais une douche et m'habillais pour aller travailler, je marchais dans la longue rue montante qui menait au centre où je m'asseyais un peu pour boire mon café pendant que les femmes autour de moi échangeaient des ragots et des histoires personnelles qui ne m'intéressaient pas. Neil souffrait depuis Noël d'un fort mal de dos que les nombreux médecins consultés n'avaient pas su résoudre. Il rentra finalement aux États-Unis se faire soigner et pour pallier son absence je récupérai sa classe. Désormais, je donnais des cours d'anglais matin comme après-midi, presque tous les jours de la semaine. Il y avait eu d'autres changements entre-temps : le mari de Birute était tombé très malade et elle avait dû arrêter les cours pour s'occuper de lui. Le midi, je restais souvent au centre et mangeais des sandwiches que j'avais préparés la veille. Quelquefois, j'allais déjeuner dans un café avec Žygintas, qui travaillait dans le centre-ville. Après le travail, j'achetais des bâtonnets de poisson surgelés, du pain, du fromage et quelques autres aliments de base avant de rentrer à la maison pour préparer et manger mon dîner, lire et regarder la télévision avant d'aller me coucher. Cela ne me gênait pas d'être plus souvent tout seul, même si Birute me manquait et que j'espérais la revoir très vite.

L'été, le travail au centre se réduisit comme peau de chagrin quand mes élèves partirent avec leurs familles pour de longues vacances sur la côte. La famille de Žygintas, comme beaucoup de Lituaniens, avait une maison de campagne et m'invita à passer le voir. Il me donna des instructions pour prendre un bus qui passait près de chez moi et me fixa un point de rendez-vous où il viendrait me chercher pour faire la dernière partie du trajet. Le bus était vieux et nous secouait beaucoup. Très vite, nous quittâmes la ville et la voie rapide pour nous aventurer sur de longues routes de campagne boueuses, bordées d'arbres et de champs. Žygintas m'avait indiqué le nom de l'arrêt, mais je ne le voyais nulle part et j'étais trop nerveux pour demander aux autres passagers. Je restai assis, j'attendis et j'espérai.

À un moment, le bus s'arrêta dans un endroit entouré de maisons en bois. C'était le premier arrêt depuis une demi-heure, et je réunis tout mon courage pour me lever et expliquer en lituanien que j'étais perdu. Les trois autres passagers me regardèrent sans répondre, de sorte que je descendis du bus en comptant intérieurement – parce que je tremblais et que je ne savais pas quoi faire. Puis, le chauffeur vint me voir et, sans dire un mot, me montra la liste des horaires du bus avec les arrêts. Le nom que m'avait donné Žygintas n'y figurait pas. Je jetai un coup d'œil à ma montre : j'avais une heure de retard. J'allai jusqu'à la première maison expliquer en lituanien la situation à une femme qui se tenait derrière un comptoir. Elle secoua la tête sans répondre. J'essayai encore, répétant en lituanien, mais elle secoua encore une fois la tête. En désespoir de cause, je tentai l'anglais : « Do you have a telephone ? » demandai-je. Au mot « téléphone », elle opina soudain et m'en montra un noir dans un coin. Je me précipitai pour appeler Žygintas. « Où es-tu ? » me demanda-t-il et je lui donnai le nom qui était inscrit sur les horaires. « Comment as-tu fait pour te retrouver là-bas ? » s'exclama-t-il avant de continuer : « Attends-moi, je viens te chercher. » Une demi-heure plus tard, il m'emmena jusqu'à sa maison. Sur la route, Žygintas m'expliqua que j'avais atterri dans une partie de la campagne lituanienne exclusivement habitée par des russophones qui ne comprenaient pas le lituanien. Le retard abrégea mon séjour, mais je rencontrai la famille de Žygintas et arrivai juste à temps pour un barbecue suivi d'une baignade dans la rivière voisine.

Birute, elle aussi, avait souhaité que je vienne lui rendre visite dans la maison de campagne familiale. Elle voulait que je rencontre sa sœur qui était poète. Alors que nous buvions notre café, cette dernière récita quelques-uns de ses poèmes et après nous marchâmes sur les bords d'un lac à l'eau claire et bleue. Il n'y avait aucun nuage dans le ciel, le soleil brillait et la lumière semblait pétiller à la surface de l'eau. Comme la journée se terminait, Birute me demanda de l'accompagner pour contempler le coucher de soleil. C'était notre première rencontre depuis des semaines, mais aussi la dernière car ma mission touchait à sa fin et qu'il était temps pour moi de rentrer à la maison. Birute me dit que notre amitié signifiait beaucoup pour elle, en particulier parce que ces derniers mois avaient été difficiles pour elle. Elle sentait que j'avais fait de gros progrès. Je le savais et j'avais senti depuis quelque temps que ce n'était pas seulement ma vie au jour le jour qui avait changé avec mon séjour en Lituanie. J'avais moi-même changé et, d'une certaine manière, je m'étais renouvelé. Nous étions assis tous deux, en silence, regardant le soleil d'été qui se couchait, mais nos cœurs n'étaient pas lourds parce que nous savions que si une aventure se terminait, une autre allait commencer.

8

Amoureux

Ce n'est jamais facile de dire au revoir, en particulier à un pays qui est devenu le vôtre loin du vôtre – ce que la Lituanie était pour moi après une année. C'était une chaude journée de juillet et je remontai pour la dernière fois l'avenue qui menait jusqu'au centre. Liuda et les autres volontaires s'étaient réunis dans la salle de classe pour me souhaiter bon voyage. Je remerciai chacun d'entre eux, en lituanien, pour leur aide et leur gentillesse envers moi. Liuda m'offrit un journal illustré et relié de cuir comme cadeau d'au revoir et me dit qu'elle espérait que je le remplirais de mes nouvelles idées et de mes aventures futures. Une partie de moi était triste de partir, mais je savais que j'avais accompli tout ce que je pouvais faire ici – personnellement comme professionnellement – et qu'il était temps de partir.

Le vol de retour n'en finissait pas. Je passai une partie du voyage à lire et à relire la lettre que m'avaient envoyée mes parents une semaine plus tôt. Peu après mon départ pour la Lituanie, mon père avait entendu parler d'une grande maison qu'on venait de construire et qui était à louer dans le quartier. Il s'agissait en fait de deux maisons qui avaient été réunies, avec six chambres et deux salles de bain. Cette maison était un cadeau des dieux pour ma famille qui déménagea peu de temps après. C'est à cette nouvelle adresse que je devais rentrer, et la lettre était accompagnée d'une photo de la maison ainsi que des instructions pour s'y rendre.

Une figure familière, celle de mon ami Rehan, m'attendait à l'aéroport. Nous étions restés en contact par cartes postales durant tout mon séjour outre-Manche, et malgré tout c'était bon de le voir en personne après tout ce temps. Comme il l'avait fait plusieurs années auparavant, il offrit d'être mon guide à travers le labyrinthique métro londonien. Une fois assis, il m'écouta patiemment raconter des anecdotes concernant mon séjour à Kaunas et demanda à voir les photos des différents endroits que j'avais vus et des différentes personnes rencontrées. Quelque temps après, il se leva rapidement et me dit que nous approchions de ma station. Il restait juste assez de temps pour rassembler mes sacs et le remercier. À peine eus-je posé le pied sur le quai que le train était reparti. Avant même que j'aie fini de me retourner, il disparaissait dans l'obscurité d'un tunnel à venir.

Les rues étaient tout à fait inconnues pour moi. Je marchai longtemps avant de réaliser que j'étais perdu : le nom de la rue à laquelle je parvins n'était pas celui indiqué dans la lettre de mes parents. Peut-être avais-je pris un mauvais embranchement, quelque part. Nerveusement, je demandai de l'aide à un passant. « Continuez à marcher et tournez à droite au prochain carrefour », dit-il. Quand je vis enfin le nom de la bonne rue, il me vint soudain à l'esprit qu'il était pour le moins étrange de demander où se trouvait la rue où habitait ma propre famille.

Tous furent ravis de me voir et nous passâmes plusieurs heures de bonheur à rattraper le temps perdu. Certains de mes frères et sœurs prétendirent que j'avais un petit accent, ce qui n'était probablement pas surprenant après avoir été à l'étranger si longtemps et parlé plus lituanien qu'anglais. Ma mère me fit faire le tour de la maison et me montra ma nouvelle chambre, la plus calme de toutes, située à l'arrière du bâtiment, loin de la rue. Elle était petite, surtout après l'appartement que j'avais eu en Lituanie, mais il y avait assez de place pour un lit, une table, une chaise et un poste de télévision. J'aimai la nouveauté de cette pièce car elle matérialisa mon retour en Angleterre comme une autre étape dans ma vie et non comme un retour en arrière. C'était un tout nouveau départ.

Il y eut une période d'adaptation. Vivre seul m'avait donné le sentiment d'une indépendance et d'un contrôle sur ce qui m'entourait, sans avoir à gérer le bruit ou le caractère imprévisibles d'autres personnes autour de moi. Au début, ce fut difficile de me réhabituer au chahut de mes frères et sœurs qui couraient dans les escaliers et se disputaient. Ma mère dit à chacun d'essayer de respecter mon besoin de calme, et en général ils le firent.

Mes expériences à l'étranger m'avaient sans aucun doute changé. D'une part, j'avais beaucoup appris sur moi-même. Je pouvais voir, bien plus clairement qu'avant, la manière dont ma « différence » affectait ma vie de tous les jours – et surtout mes interactions avec d'autres gens. J'étais également parvenu à comprendre que l'amitié est un processus délicat et graduel qui ne doit pas être précipité ni anticipé, mais qu'il faut permettre et encourager pour qu'il prenne son cours naturel dans le temps. Je me représentais l'amitié comme un papillon, à la fois beau et fragile, qui s'envolait dans les airs et que toute tentative d'attraper revenait à détruire. Je me souvins qu'à l'école, j'étais passé à côté de beaucoup d'amitiés possibles à cause de mon manque de sociabilité naturelle, parce que j'étais trop direct et que je produisais une mauvaise impression.

La Lituanie m'avait également permis de prendre du recul sur moi-même et de me réconcilier avec ma « différence » en découvrant qu'elle n'était pas forcément négative. En tant qu'étranger, j'avais été capable d'enseigner l'anglais à mes étudiants lituaniens et de leur raconter comment était la vie en Grande-Bretagne. Ne pas être comme les autres m'avait donné à Kaunas un avantage ainsi que l'opportunité d'aider les autres.

J'avais également désormais une base d'expériences très variées auxquelles me référer pour appréhender de futures situations. Cela me donna une plus grande confiance dans ma capacité à affronter tout ce que la vie allait m'apporter. Le futur n'était plus quelque chose dont j'avais peur. Dans ma nouvelle petite chambre, je me sentais plus libre que jamais.

En tant que volontaire de retour de mission, je pouvais prétendre à une allocation de fin de service, en échange d'un rapport sur ma vie en Lituanie et sur ce que j'avais appris là-bas. En attendant, je fis du soutien scolaire pour les enfants du quartier. Quelques mois après ma première demande, on m'attribua finalement une allocation de 2 000 £. C'était juste assez pour un ordinateur : un rêve qui se réalisait pour moi et le premier que ma famille ait jamais possédé. Une fois reçu et déballé, cela me prit un peu de temps, avec l'aide de mes frères et de mon père, pour l'assembler et le faire fonctionner. Pour la première fois, j'avais accès à Internet, et j'étais ravi du flot d'informations maintenant disponibles, grâce à un clic de souris : des encyclopédies en ligne, des dictionnaires, des listes de choses futiles, de mots et de nombres, tout était là. Il y avait aussi les messageries et les chats.

C'est quelque chose de rassurant pour les autistes de communiquer avec d'autres personnes par Internet. D'une part, parler par e-mails ou par chat ne requiert pas de savoir comment initier une conversation ou à quel moment sourire, ou les raffinements infinis du langage du corps, comme dans d'autres situations. Il n'y a pas de contact visuel et il est possible de comprendre tout ce que l'on dit parce que tout est écrit. L'utilisation des « émoticons », comme ☺ et ☹, quand on discute sur un chat, rend également les émotions de votre interlocuteur beaucoup plus faciles à comprendre : il vous les dit, tout simplement, et de manière immédiatement explicite.

J'ai rencontré mon compagnon, Neil, grâce à Internet, à l'automne 2000. Son métier est de concevoir des programmes informatiques et il utilise quotidiennement l'ordinateur. Comme moi, Neil est très timide et Internet l'a aidé à rencontrer de nouvelles personnes et à se faire des amis. Presque immédiatement, nous avons commencé à échanger des e-mails tous les jours, écrivant à propos de tout et n'importe quoi, depuis le titre de nos chansons préférées jusqu'à nos espoirs et nos rêves pour l'avenir. Nous avions beaucoup de choses en commun et il ne nous fallut pas longtemps pour échanger nos photos et nos numéros de téléphone. Neil était beau : grand avec des cheveux noirs et épais, des yeux d'un bleu éclatant et quand je parlai avec lui au téléphone, il s'avéra extrêmement patient, poli et plus qu'heureux de faire l'essentiel de la conversation. Nous avions presque le même âge, il avait 24 ans, vivait et travaillait dans le Kent, non loin de chez moi. Plus j'en apprenais sur lui, plus je me souviens avoir pensé en moi-même : j'ai rencontré l'âme sœur.

Tomber amoureux ne ressemble à rien. Il n'y a pas de bonnes ou de mauvaises façons de tomber amoureux de quelqu'un, pas d'équation mathématique pour la relation et l'amour parfaits. Les émotions que j'avais éprouvées pendant toutes ces années depuis mon coup de foudre adolescent, je les avais vécues comme soudaines et fortes, elles duraient longtemps et persistaient, et si profondément qu'elles étaient douloureuses. Je ne pouvais pas m'arrêter de penser à Neil, quoi que je sois en train de faire et je trouvais même difficile de manger ou de dormir normalement. Néanmoins, quand il me demanda, dans un e-mail du début de l'année 2001, si nous pouvions nous rencontrer, j'hésitai. Et si la rencontre se passait mal ? Si je faisais ou si je disais quelque chose qu'il ne fallait pas ? Étais-je seulement quelqu'un qu'on pouvait aimer ? Je n'en savais rien.

Avant de répondre à Neil, je décidai d'aller parler de lui à mes parents, ce qui signifiait aussi leur avouer la vérité sur moi. La maison était calme, cet après-midi-là. Mes frères et sœurs jouaient tous dehors ou dans leurs chambres, pendant que mes parents étaient dans le salon en train de regarder la télévision. J'avais répété ce que je voulais leur dire, mais en entrant dans la pièce, je ressentis pourtant un serrement de cœur parce que je n'avais aucune idée de ce que serait leur réaction et je n'aime pas les situations où tout peut arriver. Elles me rendent nauséeux et confus. Comme je souhaitais avoir toute leur attention, j'éteignis la télévision. Mon père commença par se plaindre, mais ma mère leva simplement la tête et attendit que je parle. Quand j'ouvris la bouche, j'entendis ma voix – calme et brisée – qui leur disait que j'étais gay et que j'avais rencontré quelqu'un que j'aimais beaucoup. Il y eut un bref silence pendant lequel ils ne dirent rien et se contentèrent de me regarder. Puis ma mère me dit que ce n'était pas un problème et qu'elle voulait que je sois heureux. La réaction de mon père fut également positive : il me dit qu'il espérait que je trouve quelqu'un que j'aime et qui m'aime en retour. Je l'espérais aussi.

La semaine suivante, j'acceptai de rencontrer Neil. Je l'attendis devant la maison par une matinée froide de janvier, enveloppé dans un manteau épais et portant un chapeau et des gants. Juste avant dix heures, il sortit de sa voiture. En me serrant la main, ses premiers mots furent : « Ta photo ne te rend pas justice. » Je souris sans comprendre ce qu'il voulait dire. Neil suggéra que nous allions chez lui, dans le Kent, pour la journée. Je pris place sur le siège du passager et nous partîmes. Ce fut un trajet étrange. Après quelques minutes de conversation, il se plongea dans le silence et je ne sus comment reprendre la conversation : je restai assis, sans un mot. Je me sentais très nerveux et je pensais en moi-même qu'il ne devait pas m'aimer. Nous roulâmes un peu plus d'une heure avant d'atteindre la maison de Neil à Ashford, une ville marchande du centre du Kent. À ce moment-là, il se pencha derrière son siège et en sortit un beau bouquet de fleurs qu'il m'offrit. Donc il m'aimait bien, après tout.

La maison de Neil était située dans un lotissement moderne, entourée d'autres maisons semblables près d'un petit parc avec un lac, des balançoires et un manège. À l'intérieur, il y avait du papier peint à rayures, un tapis rouge et une chatte noir et blanc, Jay. Je m'accroupis pour lui caresser la tête et elle se mit à ronronner. Neil m'entraîna dans le salon et nous nous assîmes chacun à un bout du canapé pour parler. Après quelques instants, il me demanda si je ne voulais pas écouter de la musique. Petit à petit, incons-ciemment, nous nous rapprochâmes jusqu'à ce que Neil me prenne dans ses bras et que je pose ma tête sur son épaule en fermant les yeux pour écouter la musique. Peu après nous nous embrassâmes. Nous décidâmes là, et à ce moment précis, que nous étions faits l'un pour l'autre. C'était le début de quelque chose d'important.

Neil ne trouvait pas difficile de m'accepter comme j'étais. Lui aussi avait été brimé à l'école et il savait ce que c'était d'être différent des autres. Il aimait lui aussi rester à la maison et cela ne le gênait pas que je préfère le calme et la sécurité d'un chez-soi à l'agitation des pubs et des boîtes de nuit. Encore plus important, comme moi il était à la croisée des chemins et n'était pas sûr de ce qu'il allait faire. Parce que nous nous étions rencontrés sur Internet, nous avions l'un et l'autre pu découvrir, à notre sur-prise et notre joie à tous les deux, que ce qui nous avait manqué le plus dans nos vies était un amour romantique.

Dans les semaines qui suivirent, nous nous envoyâmes des e-mails tous les jours et nous parlâmes régulièrement au téléphone. À chaque fois qu'il le pouvait, Neil prenait sa voiture pour venir me voir. Six mois après notre première rencontre, après de longues discussions, je déci-dai de déménager dans le Kent pour être avec Neil. Un jour, je rentrai dans la cuisine, et dis à ma mère l'air de rien : « Je déménage. » Mes parents étaient heureux pour moi mais égale-ment inquiets : comment pourrais-je m'adapter à l'imprévisibilité d'une relation, et à toutes les responsabilités qui vont avec ? Mais ce qui comptait pour moi, à ce moment-là, était tout autre. C'était la seule vérité de l'instant : Neil était une personne très particulière pour qui je ressentais des choses que je n'avais ressenties pour personne, nous nous aimions beaucoup et nous voulions être ensemble.

Les premiers mois après le déménagement ne furent pas toujours faciles. Vivre avec un seul salaire signifiait qu'il nous fallait être très prudents dans toutes nos dépenses. Deux ans et demi passèrent avant que nous puissions partir ensemble en vacances. Pendant la journée, Neil travaillait dans son bureau dans Ramsgate, j'expédiais le tout-venant et la cuisine. J'écrivais aussi à toutes les bibliothèques de la région pour leur demander si elles avaient un poste libre car je voulais par-dessus tout travailler et participer aux dépenses de la maison. Un matin, je reçus une lettre me disant que ma candidature avait été retenue pour un entretien. Il s'agissait d'organiser et de répartir de nouveaux livres pour une bibliothèque. Le jour de l'entretien, Neil me prêta une cravate et me donna des instructions écrites pour le bus et l'itinéraire. Je me perdis dans le bâtiment, mais je pus quand même passer l'entretien grâce à un employé qui me conduisit jusqu'à la bonne porte.

Nous étions trois candidats à l'entretien. Lorsque j'entendis l'un d'entre eux commencer à parler, je remarquai qu'il avait un léger accent et lui demandai d'où il venait. Il était originaire de Finlande, un pays au sujet duquel j'avais beaucoup lu à la bibliothèque quand j'étais enfant. Je commençai à raconter sans m'arrêter tout ce que je savais sur son pays natal et je parlai même un peu finnois avec lui. L'entretien d'embauche ne dura pas très longtemps (ce que je considérais comme un bon signe) et en sortant j'étais très excité. Après tout, je m'étais souvenu qu'il fallait regarder les gens dans les yeux, je m'étais habillé élégamment et j'avais été très aimable. Je fus effondré quand quelques jours plus tard je reçus un coup de téléphone qui me disait que je n'avais pas été choisi. Des douzaines de candidatures détaillées, écrites à la main pour d'autres postes dans des bibliothèques, des écoles et des facultés furent toutes rejetées dans les mois qui suivirent – quand on prit la peine de me répondre.

Malheureusement, mon expérience n'est pas exceptionnelle. Les recherches menées en 2001 par la National Autistic Society montrent que seulement 12 % des personnes atteintes d'autisme de haut niveau ont un emploi à plein-temps. A contrario, 49 % des personnes atteintes d'autres troubles et 81 % des gens qui ne sont atteints d'aucun trouble sont employés en 2003, selon l'Office national de Statistiques du Royaume Uni. Un certain nombre de raisons importantes expliquent cette disparité. Les personnes atteintes d'autisme ont souvent des problèmes à comprendre l'intitulé des postes comme le jargon confus des offres d'emploi. Les entretiens de présélection requièrent des compétences de communication et d'interaction en société, qui sont justement ce que l'autisme altère. La brochure d'information sur l'emploi de la National Autistic Society suggère de tester les candidats à l'essai plutôt qu'au cours d'un entretien. Dans un cadre formel, il peut leur être difficile de suivre les questions et d'y répondre correctement. Un certain nombre des questions qui m'ont été posées lors de l'entretien faisaient référence à des situations hypothétiques que je trouvais difficiles à imaginer, et je ne pouvais donc répondre que laconiquement. Tout allait bien mieux lorsque les questions se concentraient au contraire sur les expériences passées et sur ce que je savais déjà.

Les autistes peuvent beaucoup apporter à une entreprise, ou à une association : ils sont fiables, honnêtes, très précis, considérablement attentifs aux détails et ont une bonne connaissance des résultats et des données. Les entreprises qui emploient des personnes atteintes d'autisme et/ou du syndrome d'Asperger contribuent à la conscience de la différence parmi les employés tandis que leurs dirigeants trouvent souvent qu'ils apprennent, à leur contact, à formuler un discours plus efficace auprès de leurs équipes en général.

Le manque d'argent n'était pas un problème insurmontable pour nous. Neil faisait toujours tous les efforts possibles pour m'encourager et me soutenir, me rassurant quand je me sentais frustré ou triste, et me poussant à regarder le futur d'un œil optimiste.

À l'occasion des fêtes de Noël en 2001, je rencontrai les parents et la famille de Neil pour la première fois. J'étais très nerveux, mais Neil me répéta que je n'avais rien à craindre. La maison de ses parents n'était pas loin de la nôtre et nous fûmes accueillis par sa mère qui me fit faire le tour de la maison et de la famille : le père de Neil, son frère, sa belle-sœur et sa nièce. Tout le monde souriait et je me sentis apaisé et content. On nous servit un grand et savoureux repas suivi d'un échange de cartes de vœux et de cadeaux. Le lendemain, Neil nous conduisit à Londres pour rendre visite à ma famille. Ce fut à son tour d'être présenté à mes parents, à mes frères et sœurs, tous très excités à l'idée de le voir. Le soutien de nos deux familles signifiait beaucoup, pour Neil comme pour moi-même.

L'été suivant, nous déménageâmes pour une petite ville tranquille sur la côte, Herne Bay, près de la cité historique de Canterbury. Un déménagement est toujours une période stressante pour n'importe qui – et je n'échappai pas à la règle. Les premières semaines furent très confuses avec les meubles, la peinture et les cartons répandus dans toute la maison et très peu d'occasions de s'arrêter un peu et de se reposer. Quand Neil était occupé à bricoler, je préparais le repas et le thé, et j'allais chercher tout ce dont il avait besoin, pour avancer. Cela m'aidait à oublier mon angoisse en m'obligeant à me concentrer sur des choses que je pouvais faire, plutôt que de m'inquiéter de ce que je ne pouvais pas faire. C'était excitant de voir une maison devenir notre maison.

Je me sentais très heureux d'avoir une vraie petite bande d'amis. Grâce aux e-mails, je pouvais rester en contact, plus ou moins régulièrement, avec ceux qui étaient loin, comme Rehan ou Birute. De plus récentes amitiés m'avaient été apportées par le hasard, à la manière de cadeaux miraculeux. Par exemple, l'un de mes meilleurs amis aujourd'hui, Ian, est un voisin d'enfance de Neil. Un jour, peu de temps après notre emménagement à Herne Bay, nous reçûmes une carte postale de lui que les parents de Neil avaient fait suivre. Ian et Neil ne s'étaient pas vus depuis quinze ans, mais quand nous l'invitâmes à nous rendre visite, ce fut comme s'ils ne s'étaient jamais perdus de vue. Nous apprîmes bientôt que j'avais beaucoup de choses en commun avec Ian, comme l'amour des livres et de l'histoire. Depuis nous sommes proches.

Je découvris avec ravissement que je pouvais mettre certains de mes talents au service de mes amis. Quand Ian épousa une femme roumaine, il y a peu de temps, il me demanda si je voulais bien l'aider à apprendre la langue maternelle de sa nouvelle épouse. En retour, Ian m'emmène jouer au golf le week-end. Je ne suis pas un très bon joueur – quoique mon put soit plutôt bon. Parfois, Ian se gratte la tête quand il me voit parcourir en marche arrière le trajet, sur le green, de ma balle jusqu'au trou. De cette manière, je sens la pente sous mes pieds et j'ai une meilleure idée du mouvement que va suivre la balle une fois frappée. En tout cas en ce qui me concerne, ça marche.

Nos amis sont au courant de mon syndrome d'Asperger et essayent autant que possible de s'assurer que je suis à l'aise avec eux, quelle que soit la situation. Souvent ils s'arrangent pour me proposer de les accompagner dès qu'ils savent qu'il s'agit d'une sortie qui pourrait me plaire. Tous les ans, Neil et un de ses amis, un autre Ian, organisent une chasse au trésor dans leur club de propriétaires de Mini, et ils m'invitent à y participer. On donne à chaque équipe une liste d'indices et des questions qui sont résolues en se rendant aux différents endroits marqués sur une carte. Par exemple un indice comme « jeune logement équestre » trouve sa réponse lorsqu'on passe devant la Colt's House, une auberge dont le nom signifie la « maison du poulain »[1]. Ian conduit, Neil pilote et j'aide à trouver la solution aux questions. Ainsi chacun peut s'amuser pour différentes raisons, et c'est un sentiment très agréable.

Quand nous rendons visite à nos amis, nous jouons souvent à un jeu après le repas, aux cartes ou au Trivial Pursuit. Neil dit qu'il est poli de laisser nos hôtes gagner, mais c'est quelque chose que je ne comprends pas, car lorsqu'on connaît la réponse à une question, il n'y a de sens que si on la donne.

J'adore faire des quiz et regarder des émissions comme *Qui veut gagner des millions ?* Je connais la plupart du temps les réponses, mais j'ai mes points faibles comme la musique pop et la fiction. Mes questions préférées sont celles qui renvoient à des dates (« En quelle année le Championnat du Monde Snooker s'est-il déroulé au *Crucible Theater* ? Réponse : 1977 ») ou à une chronologie (« Mettez ces quatre événements historiques dans l'ordre »).

Peu de temps après notre installation à Herne Bay, Neil et moi décidâmes de travailler ensemble sur l'idée que j'avais de créer un site éducatif avec des cours en ligne pour les étudiants en langues. Neil, avec son métier d'informaticien,

---

1. En anglais, avant d'être un pistolet, un *colt* est un poulain.

serait responsable de toute la partie technique, et moi j'écrirais le contenu du site et les cours. Après mûre réflexion, j'appelai le site Optimnem, en hommage à Mnémosyne, la muse qui a inventé les mots et les langues dans la mythologie grecque. Les étudiants reçoivent par e-mail chaque leçon accompagnée de fichiers audio enregistrés par des gens dont c'est la langue maternelle, beaucoup d'exemples écrits et des exercices pour aider à la révision. En créant ces cours, je fis fructifier mon expérience de professeur en Lituanie et des années de soutien scolaire. Dans le même temps, je me concentrais sur ce qui était le plus difficile à apprendre en général pour les étudiants. Je voulais écrire des cours qui reflètent mon expérience personnelle d'étudiant autiste. Pour cette raison, chaque cours est divisé en tranches les plus digestes possible. Les cours évitent tout jargon comme « nominatif », « génitif » ou « conjugaison des verbes » et essayent au contraire d'expliquer en termes clairs et simples comment les mots changent selon, par exemple, leur place dans la phrase. Les nombreux exemples écrits permettent aux étudiants de voir la langue au travail selon la situation car il est plus facile de se souvenir d'un vocabulaire nouveau quand il est présenté visuellement et dans le contexte. Le site, lancé à l'automne 2002, a rencontré le succès auprès de milliers d'étudiants de tous âges et du monde entier, et des millions de pages ont été cliquées. Optimnem est désormais dans sa quatrième année et sur la liste de la National Grid for Learning du Royaume-Uni, le portail gouvernemental qui propose « une sélection de contenus éducatifs de qualité sur Internet ».

Le succès du site signifiait que je travaillais et que je gagnais de l'argent, ce dont j'étais fier et ce qui m'enthousiasmait. Il me permettait également de travailler à la maison, un avantage indéniable pour moi à cause de l'angoisse que je peux ressentir quand je me trouve dans un environnement que je ne peux contrôler et dans lequel je me sens mal à l'aise. Je suis content d'être mon propre patron, bien que ce ne soit évidemment pas un choix facile et que l'indépendance financière puisse s'avérer plus dure à acquérir.

Aujourd'hui, Neil travaille aussi à la maison. Il n'a besoin de passer à son bureau de Ramsgate qu'une fois par semaine. Voici comment se déroule une journée de travail ordinaire : je m'installe à la table de la cuisine, à l'arrière de la maison, en face du jardin, pendant que Neil travaille dans le bureau (une ancienne chambre) à l'étage. Si j'ai besoin d'un conseil ou de quoi que ce soit en rapport avec le site, je n'ai besoin que de monter l'escalier pour lui demander. Se voir autant est une bonne chose pour nous, même si ce n'est pas forcément valable pour tout le monde. À midi, nous nous asseyons ensemble pour parler et manger des sandwiches ou une soupe que j'ai préparée. Neil est heureux de partager parfois mes routines quotidiennes, comme le thé à certaines heures. Après le travail, nous préparons le dîner dans la cuisine, ensemble, ce qui nous donne à tous deux l'occasion de nous reposer et de penser à autre chose.

J'ai toujours aimé les animaux, depuis ma fascination enfantine pour les coccinelles jusqu'au visionnage avide de documentaires animaliers à la télévision. Je pense que l'une des raisons de cette fascination est que les animaux sont souvent plus patients et plus tolérants que les humains. Après avoir emménagé chez Neil, je passai beaucoup de temps avec sa chatte, Jay. À l'époque, elle n'avait pas tout à fait deux ans et elle était très distante, préférant passer son temps dehors à se promener dans les jardins du voisinage et à ronchonner quand Neil voulait lui donner une tape sur le dos ou la prendre dans ses bras. En ce temps-là, Neil travaillait régulièrement à son bureau de Ramsgate, dix heures par jour ou plus. Avant que j'arrive, Jay avait donc passé sa première année, importante car formatrice, presque toute seule. C'était pour elle une surprise – et un choc – d'avoir désormais de la compagnie toute la journée. Au début, je gardai mes distances, sachant bien qu'elle n'était pas habituée à moi. Au contraire, j'attendis que sa curiosité naturelle prenne le dessus. De fait, elle vint bientôt vers moi, dans le salon, renifler mes pieds et mes mains, et s'y frotter le museau. Avec le temps, Jay passa de plus en plus de temps à l'intérieur. À chaque fois qu'elle venait, je me mettais à genoux, de sorte que mon visage et le sien soient au même niveau. Lentement, je tendais la main et lui caressais la tête aussi doucement que je l'avais vu nettoyer sa fourrure avec sa langue. Elle se mettait à ronronner, à ouvrir et à fermer les yeux, comme assoupie, et je sus bientôt que j'avais gagné son affection.

Jay était une chatte sensible et intelligente. Parfois, je m'allongeais par terre pour la laisser venir sur ma poitrine ou sur mon ventre et faire une petite sieste. Juste avant de s'asseoir, elle me piétinait gentiment. C'est un comportement très courant chez les chats et on pense qu'il manifeste leur satisfaction. Ses origines ne sont pas claires bien que le mouvement semble rappeler la façon dont un chaton utilise ses pattes pour stimuler la montée du lait dans les mamelles de sa mère. Quand Jay était sur moi, je fermais les yeux et ralentissais ma respiration, de sorte qu'elle pensait que j'étais sur le point de m'endormir, moi aussi. À ce moment-là, elle était rassurée car elle savait que je n'aurais pas de mouvement brusque. Elle se détendait et restait sur moi. Souvent, je portais l'un de mes pulls épais et rêches, même par temps chaud, car je savais que Jay préférait leur texture à celle des T-shirts lisses ou d'autres vêtements.

Malgré toute son affection, à certains moments, Jay était encore distante et indifférente à notre égard, et surtout à l'égard de Neil, ce qui l'énervait beaucoup, je le savais. Je lui suggérai un jour qu'elle avait besoin d'une compagnie, d'un autre chat avec lequel interagir. J'espérais qu'elle apprendrait ainsi à être plus sociable et moins sauvage. Nous lûmes les petites annonces dans le journal local. L'une disait justement qu'une chatte venait d'avoir une portée. Nous passâmes un coup de téléphone et prîmes rendez-vous. Quand nous arrivâmes le lendemain, on nous dit que plusieurs chatons étaient déjà vendus et que seuls quelques-uns restaient. Je montrai du doigt une petite chatte minuscule, noire et timide : on me répondit que personne n'en voulait parce qu'elle était entièrement noire. Nous l'emmenâmes immédiatement à la maison et l'appelâmes Moomin. Tout d'abord, sans surprise, Jay ne fut pas très contente de sa nouvelle petite sœur : elle crachait et grognait dès qu'elle la voyait. Avec le temps, pourtant, elle commença à tolérer sa présence. Son changement de comportement fut graduel mais définitif : elle devint bien plus affectueuse, réclamant d'être soulevée et portée, elle était plus souvent heureuse, avec de longues périodes bruyantes où elle ronronnait et des moments de jeu avec Moomin et avec nous. Elle faisait un merveilleux *brrr* dès qu'elle nous voyait auquel je répondais en m'accroupissant et en frottant mon visage contre sa fourrure.

À l'été 2004 nous célébrâmes le cinquième anniversaire de Jay en lui donnant de la nourriture supplémentaire et de nouveaux jouets. Elle semblait avoir moins d'appétit et moins d'énergie que d'habitude, ce qui, avons-nous pensé, était dû au temps très chaud. Elle s'allongeait souvent et dormait à l'abri du lit, d'une table ou du porte-serviettes de la salle de bain. Je comprenais très bien ce comportement car lorsque j'étais enfant, je rampais souvent sous mon lit ou sous une table pour me sentir plus au calme et plus en sécurité. Mais Jay se mit à le faire de plus en plus, nous évitant dès qu'elle le pouvait. Puis ce fut la maladie. Elle vomissait beaucoup mais seulement de la bile. Au début, nous ne prîmes cela que comme une nuisance domestique supplémentaire, mais avec le temps nous commençâmes à nous inquiéter. Elle perdait aussi du poids et se déplaçait de plus en plus lentement autour de la maison. Neil l'emmena chez le vétérinaire, qui la garda en observation pour des tests. Il nous annonça bientôt qu'elle avait une infection des reins, ce qui était rare chez un chat si jeune, et qu'elle avait besoin de plusieurs jours de soins à la clinique. Nous téléphonions tous les jours pour avoir des nouvelles et l'on nous disait que son état était stable. Puis, au bout d'une semaine, nous reçûmes un appel qui nous apprit que Jay ne répondait plus au traitement et qu'il serait souhaitable de venir la voir.

Nous sautâmes dans la voiture. À la réception, une femme nous accompagna dans un couloir étroit jusqu'à une pièce grise et calme, de l'autre côté du bâtiment. Elle nous dit qu'elle nous laissait seuls quelques minutes et disparut. Même à ce moment-là, je n'avais pas conscience de la gravité de ce qui m'arrivait. Alors que nous nous tenions silencieux au milieu de la pièce, je la vis. Jay était étendue, immobile, sur un matelas blanc, entourée de tubes de plastique, émettant de faibles grognements. En hésitant, j'allongeai le bras pour la caresser : son poil était gras et elle n'avait plus que la peau sur les os. Soudain, comme une vague venue de nulle part qui se brise sur un rocher, je sentis une émotion à l'intérieur trop forte pour que je la retienne. Mon visage se mouilla et je sus que je pleurais. Neil me rejoignit et la regarda. Lui aussi, il commença à pleurer doucement. Une infirmière entra et nous informa qu'ils faisaient tout ce qu'ils pouvaient mais que la maladie de Jay était rare et très sérieuse. Nous rentrâmes à la maison et nous pleurâmes encore dans les bras l'un de l'autre. Le lendemain, Neil reçut un coup de téléphone qui lui apprit que Jay était morte. Il y eut encore beaucoup de larmes les jours suivants, à la mesure du choc de perdre de manière si soudaine et si inattendue une compagne que nous aimions profondément. Elle fut incinérée et nous enterrâmes ses cendres dans le jardin sous une pierre gravée à sa mémoire : « Jay, 1999-2004. Toujours dans nos cœurs ».

Aucune relation n'est facile, et moins encore si l'une des deux personnes, ou les deux, est touchée par une forme d'autisme. Et pourtant, je crois que le plus essentiel à la réussite d'une relation, ce n'est pas tant la compatibilité des humeurs que l'amour. Quand vous aimez quelqu'un, tout est possible.

À la maison, il y a des situations apparemment futiles, comme quand je lâche une cuillère en faisant la vaisselle, qui provoquent chez moi des crises de colère. Même une toute petite perte de contrôle peut sembler trop importante pour moi, en particulier si elle affecte l'un de mes rituels. Neil a appris à ne pas intervenir et à laisser passer, car en général cela ne dure pas. Sa patience m'aide beaucoup. Grâce à son soutien et à sa compréhension, de telles crises sont devenues moins fréquentes avec le temps.

D'autres situations peuvent générer de grandes angoisses, comme quand un ami ou un voisin décide soudain, spontanément, de venir nous rendre visite. Même si je suis content de le voir, je sais que je suis en train de me tendre et de me troubler, parce que cela veut dire que je dois changer le programme que j'avais établi pour la journée. Devoir changer mes plans est une chose très déstabilisante pour moi. Une fois encore, Neil me rassure et m'aide à rester calme.

La vie en société peut être un grand problème pour moi. Si nous allons dîner au restaurant, je préfère une table dans un coin ou contre un mur, de sorte que les autres clients ne soient pas tout autour de moi. Au cours d'un dîner dans un restaurant du quartier, nous étions en train de parler et de manger joyeusement quand j'ai soudain senti l'odeur d'une cigarette. Je ne pouvais pas voir qui fumait, je ne l'avais pas anticipé et je devins très nerveux. Neil sait quand cela m'arrive parce qu'il l'a déjà vu de nombreuses fois : je baisse la tête, je ne le regarde plus et je ne réponds plus que par monosyllabes. Il n'y a rien à faire sinon finir rapidement le repas et quitter le restaurant. J'ai de la chance que nous aimions tous les deux rester à la maison et que nous n'ayons pas besoin de beaucoup sortir. Quand nous sortons, c'est généralement pour aller au cinéma ou dans un restaurant tranquille.

Les conversations sont parfois problématiques entre Neil et moi à cause de mes difficultés d'écoute. Neil peut ainsi me dire quelque chose à quoi j'opine ou dis oui, ou OK. Mais plus tard, je m'aperçois que je n'ai pas compris ce qu'il m'avait dit. Cela peut être très frustrant pour lui de passer du temps à expliquer ou à raconter quelque chose et de découvrir après coup que je ne l'ai pas écouté. Le problème est que je n'ai pas conscience de ne pas l'écouter. Très souvent, j'entends les phrases par fragments ; mon cerveau les complète et les remet ensemble pour leur donner du sens. Quand je rate les mots les plus importants, je ne saisis souvent pas le contenu réel de la conversation. Opiner et répondre par « OK » quand quelqu'un me parle est devenu pour moi, avec le temps, une façon de permettre à une conversation d'être fluide, sans que mon interlocuteur ait besoin de s'arrêter et de répéter continuellement. Bien que cette tactique fonctionne la plupart du temps, j'ai appris qu'à l'intérieur d'une relation, ce n'était pas très adapté. Neil et moi, nous avons donc appris la persévérance quand nous parlons ensemble : je lui donne ma plus complète attention quand je l'écoute et je lui fais comprendre quand il y a un mot ou plusieurs qui ont besoin d'être répétés. De cette façon, nous pouvons chacun être sûr de comprendre pleinement l'autre.

Quand j'étais adolescent, je détestais me raser. Les lames glissaient sur mon visage et me coupaient pendant que j'essayais désespérément de tenir le rasoir fermement et ma tête tranquille. J'avais souvent besoin de plus d'une heure pour cette opération, après quoi ma peau me brûlait et me démangeait. C'était si désagréable que je me rasais le moins souvent possible, parfois laissant pousser ma barbe pendant des mois jusqu'à ce qu'elle m'irrite à un point qui me force finalement à la raser. À la fin de mon adolescence, je me rasais environ deux fois par mois, ce qui ennuyait souvent mes frères et sœurs parce que j'occupais très longtemps la salle de bain. Aujourd'hui Neil me rase toutes les semaines avec un rasoir électrique qui entretient ma barbe de quelques jours, de manière rapide et indolore.

Être hypersensible à certaines sensations physiques affecte les façons dont Neil et moi nous nous exprimons notre affection et notre intimité. Par exemple, les caresses légères – comme un doigt sur mon bras – me sont très désagréables et j'ai dû expliquer cela à Neil parce que je me crispais quand il voulait seulement me montrer qu'il m'aimait. Heureusement, ce n'est pas un problème qu'il me prenne dans ses bras ou qu'il me tienne la main.

J'ai beaucoup appris de Neil avec nos années de vie commune et d'amour partagé. L'amour m'a définitivement transformé en m'ouvrant aux autres et en me faisant prendre conscience du monde qui m'entoure. Cela m'a également donné confiance en moi, et dans ma capacité à grandir et à faire des progrès tous les jours. Neil fait partie de mon monde, il est une partie de ce qui me fait moi, et je ne peux à aucun moment m'imaginer vivre sans lui.

9

Le don des langues

Les langues m'ont toujours fasciné. Et maintenant que j'étais installé dans notre nouvelle maison et que mon site Internet existait, je pouvais vraiment leur consacrer plus de temps. La première langue que j'ai étudiée après le lituanien fut l'espagnol. Mon intérêt pour cette langue était venu d'une conversation que j'avais eue avec la mère de Neil. Elle me parlait des vacances que sa famille avait passées dans diverses régions de l'Espagne et me dit qu'elle apprenait l'espagnol depuis de nombreuses années. Je lui demandai s'il était possible de lui emprunter un livre et elle me trouva une vieille méthode d'apprentissage, *Teach Yourself*, que j'emportai et que je lus. La semaine suivante, nous retournâmes chez les parents de Neil et je rendis le livre à sa mère. Quand je me mis à lui parler espagnol avec fluidité, elle n'en revint pas.

J'utilisai une méthode similaire pour étudier le roumain quand mon ami Ian me demanda des conseils pour l'aider à communiquer avec sa nouvelle épouse. Je complétai mes lectures par une édition en ligne et en roumain du classique de Saint-Exupéry *Micul Print* (*Le Petit Prince*).

Mon dernier projet linguistique en date est le gallois, une langue belle et très particulière que j'ai tout d'abord entendue et lue pendant des vacances avec Neil dans une petite ville des montagnes de Snowdonia, au nord du pays de Galles, Blaenau Ffestiniog. Dans cette région, beaucoup de gens ont pour langue maternelle le gallois (dans l'ensemble du pays de Galles, ce n'est le cas que d'une personne sur cinq) et il arrivait que ce soit la seule langue que nous entendions parler pendant nos visites.

Parmi les langues que j'ai étudiées, le gallois est unique par un certain nombre de spécificités. Les mots qui commencent par certaines consonnes changent d'initiale selon leur fonction dans la phrase. Par exemple, le mot *ceg* (bouche) se transforme en *dy geg* (ta bouche), *fy ngheg* (ma bouche) et *ei cheg* (sa bouche à elle). L'ordre des mots dans la phrase galloise est tout aussi déroutant avec le verbe en début de phrase : *Aeth Neil i Aberystwyth* (Neil est allé à Aberystwyth, littéralement « est allé Neil à Aberystwyth »). La partie la plus difficile de l'apprentissage du gallois est selon moi la prononciation de certains sons, comme *ll* qui revient à mettre la langue dans la position de dire la lettre *l* et à dire en fait la lettre *s*.

La chaîne S4C, la télévision en langue galloise, que je pouvais regarder grâce à ma parabole, m'a considérablement aidé dans mon étude du gallois. Les programmes étaient variés et intéressants, depuis la série *Pobol y Cwm* (*Les Gens de la vallée*) jusqu'au *Newyddion* (les informations). Ils m'ont permis de vraiment améliorer mes capacités de compréhension et de prononciation de la langue.

La relation que j'ai avec les langues est une relation esthétique : certains mots et certaines combinaisons de mots m'apparaissent comme particulièrement beaux et me stimulent. Parfois, je vais lire et relire une phrase dans un livre parce que ces mots-là me font éprouver des émotions très particulières. Les substantifs sont mes mots préférés parce qu'ils sont les plus faciles à visualiser.

Quand j'apprends une langue, il est un certain nombre d'outils que je considère comme essentiels pour commencer. Premièrement, un dictionnaire de bonne taille. J'ai également besoin d'exemples de textes variés de cette langue, comme des livres d'enfants, des nouvelles et des articles de journaux parce que je préfère apprendre les mots à l'intérieur des phrases : cela m'aide à sentir comment la langue fonctionne. J'ai une excellente mémoire visuelle et quand je lis un mot, dans une phrase ou un paragraphe, je ferme les yeux, je le visualise dans ma tête et je peux ensuite m'en souvenir parfaitement. Ma mémoire est bien plus médiocre si je ne fais qu'entendre le mot et que je ne le vois pas. La conversation me permet d'améliorer mon accent, ma prononciation et ma compréhension. Faire des fautes ne me gêne pas, mais j'essaye très fort de ne pas les répéter une fois qu'on me les a fait remarquer.

Chaque langue peut être le marchepied d'une autre. Plus une personne connaît de langues, plus elle peut en apprendre de nouvelles facilement. C'est parce que les langues sont comme les gens : elles appartiennent à des « familles » de langues proches qui partagent des traits communs. Les langues exercent aussi une influence les unes sur les autres et s'empruntent mutuellement des mots. Avant même de commencer à étudier le roumain, je pouvais parfaitement comprendre la phrase : *Unde este un creion galben ?* (Où est-ce qu'il y a un crayon jaune ?) à cause de ses similitudes avec l'espagnol : *dónde está* (où est-ce ?), le français : *un crayon*, et l'allemand : *gelb* (jaune).

Il y a également des relations entre les mots à l'intérieur même de chaque langue, relations particulières à celle-ci. Par exemple, l'islandais emploie *borð* (table) et *borða* (manger) ; le français emploie *jour* et *journal* ; l'allemand *Hand* (la main) et *Handel* (un commerce ou un artisanat).

Apprendre des mots composés est une solution pour enrichir son vocabulaire et comprendre la grammaire d'une langue. Par exemple, le mot allemand pour « vocabulaire » – *Wortschatz* – se compose de *Wort* (mot) et *Schatz* (trésor). En finlandais, des mots composés peuvent correspondre à des phrases entières dans d'autres langues. Par exemple, dans la phrase : *Hän oli talossanikin* (Il était, lui aussi, dans ma maison), le dernier mot, *talossanikin*, est composé de quatre parties : *talo* (maison) + *–ssa* (dans) + *–ni* (mon) + *–kin* (aussi).

Pour moi certains aspects linguistiques sont plus difficiles à assimiler que d'autres. J'ai du mal à comprendre les mots abstraits. Pour chacun d'entre eux, j'ai une image mentale qui m'aide à les saisir. Par exemple, le mot *complexité* me fait penser à une tresse ou à une natte – des cheveux innombrables s'organisant en un grand tout complet. Quand je lis ou quand j'entends que quelque chose est complexe, j'imagine que cette chose possède une multitude de parties qui doivent être rassemblées pour que le tout donne un sens. De même, le mot *triomphe* suscite l'image d'un grand trophée en or, comme ceux que l'on gagne à la fin des compétitions sportives. Si j'entends que l'élection d'un homme politique a été un « triomphe », je l'imagine soulevant un trophée au-dessus de sa tête, comme l'entraîneur qui remporte la coupe d'Angleterre. En ce qui concerne le mot *fragile*, j'imagine un verre. Je me représente une « paix fragile » comme une colombe de verre. L'image m'aide à comprendre que la paix peut être détruite à tout moment.

Certaines structures de phrases peuvent être particulièrement difficiles à analyser, comme : « Il n'est pas inexpérimenté dans ces choses », où les deux négations (« *ne... pas* », « *in-* ») s'annulent. C'est beaucoup plus facile si l'on dit : « Il a de l'expérience dans ces choses. » Un autre exemple concerne les phrases interro-négatives. « Ne pensez-vous pas que nous devrions partir ? » ou « Ne voudriez-vous pas une glace ? ». Dans ces cas-là, je deviens très confus et ma tête me fait mal parce que celui qui pose les questions ne dit pas clairement ce qu'il pense, à savoir : « Voulez-vous une glace ? » ou « Il est exact que vous ne voulez pas de glace ? », deux questions auxquelles on peut répondre par oui – et je n'aime pas quand les mêmes mots peuvent renvoyer à deux choses totalement différentes.

Enfant, je trouvais les idiomes extrêmement troublants. Décrire quelqu'un comme *under the weather* (« patraque », mais littéralement : « sous le temps qu'il fait ») était très étrange parce que je me demandais si quelqu'un pouvait échapper au temps qu'il fait. Une autre expression de mes parents, pour excuser le comportement maussade de l'un de mes frères, me plongeait dans la confusion : « Il a dû se lever du mauvais pied, ce matin. » Je demandais toujours : « Pourquoi ne s'est-il pas levé du bon pied, alors ? »

Ces dernières années, les scientifiques ont de plus en plus étudié le genre d'expériences synesthésiques qui est le mien, dans l'idée d'en mieux comprendre le phénomène et ses origines. Le Pr Vilayanur Ramachandran fait des recherches sur la synesthésie depuis plus d'une décennie au Centre des études sur le cerveau de Californie à San Diego. Il pense qu'il y a un lien entre les bases neurologiques de la synesthésie et la créativité linguistique des poètes et des écrivains. À en croire une étude, ces bases neurologiques sont sept fois plus fréquentes chez les créateurs que dans le reste de la population.

Le Pr Ramachandran remarque en particulier la facilité qu'ont les écrivains à penser et à utiliser des métaphores. Il y voit un lien avec la comparaison d'entités sans rapport apparent comme les couleurs et les mots ou les correspondances synesthésiques entre formes et nombres.

Certains savants pensent que les concepts élaborés (dont les nombres et le langage) sont ancrés dans certaines régions spécifiques du cerveau et que la synesthésie peut procéder d'une mise en relation trop fréquente de ces régions. De tels « montages croisés » peuvent aboutir à la synesthésie en tant que tendance à associer des idées apparemment sans rapport.

William Shakespeare, par exemple, avait fréquemment recours aux métaphores, dont beaucoup étaient synesthésiques et mettaient en jeu des correspondances. Dans *Hamlet*, Shakespeare fait ainsi dire à l'un de ses personnages que le « froid est aigre ». Dans une autre pièce, *La Tempête*, Shakespeare va au-delà des métaphores mettant en jeu les sens et crée un lien entre une expérience concrète et quelque chose de plus abstrait. Son image : « Sa musique se glissait jusqu'à moi par-dessus les eaux », met en relation l'entité abstraite « musique » avec une action visuelle. Le lecteur peut ainsi imaginer la musique – dont il est en général difficile d'avoir une image mentale – comme un animal en mouvement.

Mais il n'y a pas que les créateurs qui établissent ce genre de lien. Tout le monde le fait, nous utilisons tous la synesthésie à des degrés divers. Dans leur livre *Les Métaphores dans la vie quotidienne (Metaphors We Live By)*, le linguiste George Lakoff et le philosophe Mark Johnson soutiennent que les métaphores ne sont pas des constructions arbitraires mais suivent des modèles particuliers – qui en retour structurent la pensée. Ils prennent en exemple certaines expressions, comme « happy » (heureux) = « up » (en haut) et « sad » (triste) = « down » (en bas). *I'm feeling up, my spirits rose. I'm feeling down, he's really low.* Littéralement : « Je me sens haut, mon moral s'élève. Je me sens bas, il est vraiment par terre[1]. » Ou « more » (plus) = « up » (en haut) et « less » (moins) = « down » (en bas) : *My income rose last year. The number of errors is very low.* Littéralement : « Mes revenus se sont élevés, l'année dernière. Le nombre des erreurs est très bas[2]. » Lakoff et Johnson suggèrent que beaucoup de ces modèles viennent de notre expérience matérielle quotidienne. Par exemple, le lien entre ce qui est « triste » et ce qui est « bas » peut être mis en rapport avec l'attitude d'une personne triste. De la même manière, le lien entre le « plus » et le « haut » vient du fait qu'ajouter un objet, ou une substance, dans un récipient ou sur une pile, élève son niveau.

D'autres linguistes ont noté que certaines des caractéristiques structurelles des mots, qui ne sont associées à aucune fonction, comme des groupes de phonèmes, ont un effet notable sur le lecteur/locuteur. Les initiales comme *sl* – « *slack* (indolent), *slouch* (affalé), *sludge* (boue), *slime* (vase), *slosh* (renverser), *sloppy* (négligé), *slug* (faux jeton), *slut* (salope), *slang* (argot), *sly* (sournois), *slow* (lent), *sloth* (paresse), *sleepy* (endormi), *slipshod* (débraillé), *slovenly* (débraillé), *slum* (taudis), *slobber* (sensiblerie), *slur* (insulte), *slog* (grand effort)... » – ont une

---

1. Ajout du traducteur.
2. *Idem.*

connotation négative et certains sont particulièrement péjoratifs.

L'idée que certains sons correspondent à certaines réalités remonte aux anciens Grecs. Les
onomatopées illustrent parfaitement ce principe : ce sont des mots qui reproduisent le son
qu'ils décrivent : *fizz*, *whack*, *bang*,[1] etc. Dans
une série de tests menés dans les années 1950,
des chercheurs inventèrent des mots selon des
principes synesthésiques. Certains étaient censés évoquer des choses agréables, d'autres non.
On demanda à des volontaires de leur faire correspondre un mot anglais. Le taux de correspon-
dance fut tel qu'il ne pouvait seulement être
attribué à la chance.

Dans les années 1920, une expérience a tenté
d'établir le lien entre des modèles visuels et la
structure phonétique des mots, ce qui revient à
démontrer l'existence d'une forme de synesthésie
latente de la langue, chez tout le monde. Le
chercheur Wolfgang Köhler, un psychologue
americano-allemand, utilisa deux formes visuelles
arbitraires, l'une ronde et lisse et l'autre anguleuse
et aiguë. Pour chacune d'entre elles, il proposa
deux noms : *takete* et *maluma*. On demanda à plusieurs personnes laquelle était *takete*, laquelle était
maluma. La très grande majorité baptisa la forme
arrondie *maluma*, et l'anguleuse, *takete*. Plus
récemment, l'équipe du Pr Ramachandran a
reconduit cette expérience en proposant les mots
bouba et *kiki*. 95 % des personnes interrogées bap-

---

1. En français, nous avons les mots suivants : le bip, le
dring, le crac, etc.

tisèrent la forme arrondie *bouba* et l'anguleuse *kiki*. Ramachandran suggère que les changements brusques de direction visuelle des lignes du *kiki* rappellent et imitent les inflexions phonétiques brusques du mot, tout comme l'inflexion brusque de la langue sur le palais.

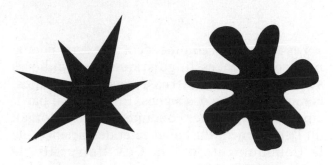

Le Pr Ramachandran pense que ces connexions synesthésiques entre la vue et l'ouïe ont été une étape importante dans l'histoire de la création des premiers mots par les hommes. D'après sa théorie, nos ancêtres ont dû commencer à parler en utilisant des sons qui évoquaient l'objet qu'ils voulaient décrire. Il note également que les mouvements des lèvres et de la langue peuvent être synesthésiquement liés à des objets ou des événements auxquels ils se réfèrent. Par exemple, les mots qui font référence à quelque chose de petit impliquent souvent la formation d'un son *i*, c'est-à-dire le resserrement des lèvres et de l'ensemble de l'appareil vocal : *little* (petit), *teeny* (minuscule), *petite*[1]. Tandis que pour les

1. Les Anglais utilisent le mot français « petite » pour désigner une femme petite et fine.

mots qui désignent quelque chose de grand ou d'énorme, c'est exactement le contraire. Si la théorie est vraie, alors le langage est né d'un vaste ensemble de connexions synesthésiques dans le cerveau humain.

*
*   *

Les chercheurs commencent à se demander si mes compétences linguistiques particulières s'appliquent à d'autres types de langages, comme la langue des signes. En 2005, j'ai participé à une expérience conduite par Gary Morgan du Département du Langage et des Sciences de la Communication à la City University de Londres. Le Dr Morgan effectue des recherches sur la langue des signes anglaise (British Sign Language – BSL), la langue de prédilection de 70 000 sourds ou mal-entendants en Grande-Bretagne. Plusieurs milliers de personnes entendantes utilisent également la BSL, langue visuelle et spatiale, qui utilise les mains, le corps, le visage et la tête pour produire du sens. Le test était mené de sorte que l'on puisse savoir s'il m'était possible d'apprendre les mots de la langue des signes aussi rapidement et aussi facilement que ceux que l'on écrit ou que l'on dit. Un locuteur BSL s'est assis en face de moi à une table et a exécuté une série de soixante-huit mots. À chacun d'entre eux, on me montrait quatre propositions illustrées parmi lesquelles je devais dire laquelle me semblait le mieux correspondre au mot que je venais de voir. Les mots de la BSL ont des sens variés, depuis un terme relativement simple comme « chapeau » jusqu'à des signes plus complexes ou conceptuels comme « restaurant » ou « agriculture ». Je pus identifier correctement deux mots sur trois. On a conclu que je présentais une « très bonne aptitude aux signes ». Les chercheurs s'emploient désormais à m'apprendre la BSL pour comparer mes aptitudes à l'acquisition de cette langue par rapport aux autres que je connais.

L'espéranto est une autre forme de langue très différente. J'ai lu pour la première fois le mot *espéranto*, il y a plusieurs années de cela, dans un livre emprunté à la bibliothèque, mais ce n'est que lorsque j'ai pu acheter mon premier ordinateur que j'en ai appris plus. Ce qui m'a surtout attiré dans cette langue, c'est que son vocabulaire est un mélange d'autres langues, pour la plupart européennes, et que sa grammaire est stable et logique. Très rapidement, je devins un *espérantiste* (un locuteur de l'espéranto) en lisant des textes sur Internet et en écrivant à d'autres locuteurs d'espéranto de par le monde.

L'espéranto (le mot signifie « celui qui espère ») est la création d'un ophtalmologue de Bialystok (aujourd'hui en Pologne), le Dr Lejzer Ludwik Zamenhof. Il exposa les principes de cette langue pour la première fois en 1887 et le premier congrès des locuteurs d'espéranto se tint en France en 1905. Le but de Zamenhof était de créer une seconde langue universelle pour tous, facile à apprendre, pour aider à la communication internationale. Aujourd'hui, on estime le nombre de locuteurs d'espéranto entre cent mille et plus d'un million dans le monde.

La grammaire de l'espéranto propose un certain nombre de particularités remarquables. La première est que la nature de chaque mot est déterminée par son suffixe : les substantifs sont tous en *–o*, les adjectifs en *–a*, les adverbes en *–e* et les infinitifs en *–i*. Par exemple : le mot *rapido* signifie « rapidité », *rapida* « rapide », *rapide* « rapidement » et *rapidi* « se hâter ».

Les verbes ne changent pas selon la personne comme dans la plupart des langues : *mi estas* (je suis), *vi estas* (tu es), *li estas* (il est), *ŝi estas* (elle est), *ni estas* (nous sommes), *ili estas* (ils sont). Le passé se termine toujours en *– is* (*mi estis* = j'étais), le futur en *– os* (*vi estos* = tu seras).

Beaucoup de mots en espéranto se forment d'après leurs suffixes. La terminaison *–ejo* signifie par exemple « l'endroit », comme dans les mots *lernejo* (école), *infanejo* (garderie) et *trinkejo* (bar). Un autre suffixe courant est *–ilo* qui signifie « l'outil ou l'instrument », comme dans *hakilo* (hâche), *flugilo* (aile) et *serĉilo* (moteur de recherche).

La plus fameuse illustration de ce principe de la grammaire de l'espéranto est sans doute l'utilisation du préfixe *mal–* pour signifier le contraire de quelque chose. On retrouve cet usage de manière très extensive dans la langue entière : *bona* (bon/*malbona* (mal), *ricia* (riche/*malrica* (pauvre), *granda* (grand)/*malgranda* (petit), *dekstra* (droite)/*maldekstra* (gauche), *fermi* (fermer)/*malferma* (ouvrir), *amiko* (ami)/*malmiko* (ennemi)

La création et l'utilisation d'expressions idiomatiques sont en général découragées en espéranto quoique certains exemples d'« argot espéranto » existent. Un nouvel apprenant de l'espéranto peut être appelé un *fres^bakito*] d'après le mot allemand *frischgebacken* (qui vient d'être cuit), alors que l'espéranto standard dirait un *komencanto* (débutant). Un exemple d'euphémisme en espéranto pourrait être *la necesejo* (l'endroit indispensable) qui signifie salle de bain/W.C.

Tony Attwood, un psychologue clinicien auteur du *Syndrome d'Asperger*[1], a noté que certaines personnes atteintes d'Asperger avaient la capacité d'inventer des combinaisons linguistiques originales (les néologismes). Il cite le cas d'une petite fille qui décrit sa cheville comme « le poignet de mon pied » et les glaçons comme « les os de l'eau ». Le Dr Attwood décrit cette aptitude comme « l'un des aspects créatifs touchants et véritables, propres au syndrome d'Asperger ». Après la naissance de mes sœurs jumelles, j'avais créé le mot *biplées* pour parler d'elles, partant du fait qu'une bicyclette a deux roues et un tricycle trois, et que l'on dit de trois enfants nés en même temps que ce sont des triplés. Un autre de mes néologismes d'enfance est le mot *pramble* qui signifie partir pour une longue balade (*ramble*) avec un enfant dans un landeau (*pram*), ce que mes parents faisaient souvent.

Enfant, j'ai bricolé pendant plusieurs années ma propre langue, c'était comme une façon de remédier à la solitude que je ressentais souvent et de trouver des mots pour exprimer mes expé-

---

1. *Asperger's Syndrome : A Guide for Parents and Professionnals.*

riences particulières. Parfois, quand je ressentais une émotion particulièrement forte ou que je faisais l'expérience de quelque chose d'extrêmement beau, un nouveau mot se formait spontanément dans mon esprit pour l'exprimer, et je ne savais pas d'où il pouvait bien venir. A contrario, j'ai souvent trouvé la langue de mes camarades déroutante et discordante. Régulièrement, on s'est moqué de moi parce que je parlais par longues phrases prudentes et exagérément formelles. Quand j'essayais d'utiliser l'un de mes mots inventés dans la conversation, pour exprimer quelque chose que je ressentais ou dont j'avais l'expérience intime, il était rarement compris. Mes parents me dissuadèrent de « parler de drôle de manière ».

J'ai continué de rêver au jour où je parlerais une langue bien à moi, que je ne serais pas raillé ou repris et que cela exprimerait exactement quelque chose de moi-même. Après avoir quitté l'école, j'ai découvert que j'avais le temps d'approfondir vraiment ce rêve. J'ai écrit les mots comme ils me venaient, sur des bouts de papier, et j'ai testé différentes méthodes de prononciation et de syntaxe. J'ai nommé ma langue le *Mänti* (prononcer « maenn-ti ») d'après le mot finnois *mänty*, le pin. Les pins sont courants dans l'hémisphère Nord et particulièrement répandus dans certaines régions scandinaves et baltiques. Un grand nombre de mots que j'utilise en Mänti sont d'origine scandinave ou balte. Il y a une autre raison au choix de ce nom : les pins croissent souvent en groupes nombreux et symbolisent l'amitié et la communauté.

Le Mänti est un projet encore en développement, avec une grammaire et un vocabulaire de plus de mille mots. Plusieurs linguistes se sont intéressés au Mänti, pensant que cela pourrait les aider à comprendre mon talent pour les langues.

L'une des choses que j'aime le plus quand je joue avec le langage, c'est la création de nouveaux mots et de nouvelles idées. J'essaye d'inventer en Mänti des mots qui établissent d'autres liens entre les choses : *hamma* (dent) et *hemme* (fourmi – un insecte qui mord), *rât* (fil électrique) et *râtio* (radio), par exemple.

Les mots composés sont courants en Mänti : *puhekello* (téléphone, littéralement « parle-sonnerie »), *ilmalāv* (avion, littéralement « air-vaisseau »), *tontöö* (musique, littéralement « tonal-art ») et *rātalö* (Parlement, littéralement « discussion-lieu »), par exemple.

Les abstractions s'expriment de manière variée en Mänti. On peut créer un mot composé qui les décrive : le « retard » ou le « délai » se traduit par *kellokült* (littéralement « horloge-dette »). Une autre méthode consiste à utiliser des paires de mots comme dans les langues finno-ougriennes telles que l'estonien. Pour un mot comme *diary* (produit laitier*)*, l'équivalent Mänti est *pîmat kermat* (crème de lait) et pour *footwear* (magasin de chaussures*)*, *koet saapat* (chaussures bottes).

Bien que le Mänti soit très différent de l'anglais, il y a un certain nombre de mots que les anglophones peuvent reconnaître : *nekka* (« neck », le cou), *kuppi* (« cup », la tasse), *pursi* (« wallet » ou « purse », le portefeuille ou le porte-monnaie), *nööt* (« night », la nuit) et *pêpi* (« baby », le bébé), par exemple.

Le Mänti existe telle une expression tangible et communicable de mon intimité. Chaque mot, resplendissant dans sa couleur et sa texture, est pour moi comme une œuvre d'art. Quand je pense ou que je parle en Mänti, c'est comme si j'étais en train de peindre avec des mots.

10

Une très grosse part de pi[1]

J'ai appris l'existence du nombre pi pendant mes cours de maths, à l'école. Pi – le rapport constant de la circonférence d'un cercle à son diamètre – est le nombre le plus célèbre des mathématiques. Son nom vient de la seizième lettre de l'alphabet grec (π), symbole choisi en 1737 par le mathématicien Euler.

Je fus immédiatement fasciné par pi et j'ai étudié le plus grand nombre de ses décimales, du moins celles que j'ai pu trouver dans les différents livres que j'empruntais à la bibliothèque, au total plusieurs centaines. Puis, fin 2003, au cours d'un appel téléphonique, mon père me rappela que cela faisait vingt ans que je n'avais pas eu de crise d'épilepsie. Il me dit que je devais

---

1. En anglais, il y a un jeu de mot entre « pi » (le nombre) et « pie » (la tarte) qui se prononcent tous deux de la même façon.

être fier des progrès que j'avais faits. Longtemps après, j'ai repensé à ce qu'il m'avait dit et j'ai décidé que je voulais faire quelque chose pour montrer que mon expérience infantile de l'épilepsie ne m'avait pas retardé. Dans la semaine, j'ai contacté le département des dons de la Société nationale pour l'Épilepsie, la plus grande organisation caritative du Royaume-Uni en ce qui concerne l'épilepsie. Mon projet était d'apprendre autant de décimales de pi que possible et de les réciter dans l'ordre et en public, trois mois plus tard, le 14 mars, pour la journée internationale de pi (le 14 mars s'écrit 3/14 aux États-Unis) qui se trouve également être le jour de naissance d'Einstein. J'espérais ainsi susciter des dons pour la NSE[1]. L'organisation accueillit mon idée avec enthousiasme et suggéra que je tente de battre le record européen qui était de 22 500 décimales. Pendant que je commençais à apprendre les nombres, le responsable des dons de la NSE, Simon Ekless, organisa une récitation publique en réservant le Ashmolean Building au musée de l'Histoire des Sciences d'Oxford – dont les collections renferment, entre autres choses, l'un des tableaux noirs d'Albert Einstein.

Pi est un nombre irrationnel, ce qui signifie qu'il ne peut pas s'écrire sous la forme d'une simple fraction de deux nombres entiers. Il est également infini : les décimales continuent sans fin, dans un mouvement numérique perpétuel, de telle sorte que même si l'on avait une feuille de papier de la

---

1. Abréviation pour National Society for Epilepsy.

taille de l'univers, il serait impossible d'écrire le nombre pi exact. Pour cette raison, les calculs utilisent toujours des approximations de pi comme 22 divisé par 7, ou 355 divisé par 113. Le nombre pi apparaît dans toutes sortes de situations inattendues des mathématiques, caché derrière les cercles et les sphères. Par exemple, il apparaît quand on calcule la distribution des nombres premiers ou la probabilité qu'une épingle tombe et se plante sur un ensemble de droites parallèles coupant une autre droite. Pi apparaît également comme le rapport moyen de la distance à vol d'oiseau et de la distance réelle entre la source et l'embouchure d'une rivière qui serpente.

Les premières valeurs de pi furent certainement trouvées par la mesure. Pour preuve, les anciens Égyptiens avaient pour valeur de pi 4 $(8/9)^2$ = 3, 16 quand les Babyloniens utilisaient l'approximation 3 + 1/8 = 3, 125. Le mathématicien grec Archimède de Syracuse donna la première méthode de calcul théorique de la valeur de pi aux alentours de 250 avant J.-C. Il détermina les limites décimales hautes et basses de pi en calculant le périmètre d'un polygone à l'intérieur (figure 1) puis à l'extérieur (figure 2) d'un cercle.

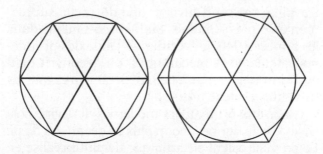

En multipliant par deux le nombre de faces d'un hexagone pour arriver à un dodécagone, puis des polygones de vingt-quatre, quarante-huit et finalement quatre-vingt-seize faces, il se rapprocha le plus possible de la circonférence d'un cercle, par approximation. Il arriva à la conclusion que pi était moins grand que 3 1/7 mais plus grand que 3 10/71. Traduit en notation décimale, cela donne un pi entre 3,1408 et 3,1429 (arrondi à quatre décimales), ce qui est très proche de la valeur actuelle : 3,1416.

Le mathématicien allemand Ludolph van Ceulen passa une grande partie de son existence à calculer la valeur de pi, utilisant principalement les mêmes méthodes qu'Archimède quelque mille huit cents ans auparavant. En 1596, il donna une valeur de pi en vingt décimales dans son livre *Van den Circkel* (*Sur le cercle*) puis arriva plus tard à trente-cinq décimales. À sa mort, on grava ces chiffres sur sa tombe.

Plus tard, d'autres mathématiciens, dont Isaac Newton et James Gregory, développèrent de nouvelles formules arithmétiques pour améliorer le calcul de la valeur de pi. En 1873, l'Anglais William Shanks publia un calcul de sept cent sept décimales, fruit de plus de quinze ans de travail, à raison d'environ une décimale supplémentaire par semaine. Malheureusement, dans les années 1940, en vérifiant à l'aide des premières calculatrices mécaniques, on découvrit qu'il avait fait une erreur à la 528e décimale et que les suivantes étaient fausses.

Grâce aux ordinateurs modernes, il devint possible de calculer beaucoup plus de décimales de pi. Le premier calcul électronique de pi fut réalisé en

1949 sur ENIAC (Electronic Numerical Integrator and Computer) – une grande machine de trente tonnes et de la taille d'une petite maison – qui parvint à deux mille trente-sept décimales en soixante-dix heures. Depuis, les progrès informatiques ont permis aux chercheurs de découvrir toujours de nouvelles décimales. En 2002, le chercheur en informatique Yasumasa Kanada et ses collègues de l'Information Technology Center de l'Université de Tokyo calculèrent plus d'un million de milliards de décimales de pi.

Depuis longtemps, les passionnés de pi ont tenté d'en mémoriser le plus grand nombre de décimales. La méthode la plus commune utilise des phrases et parfois des poèmes entiers composés scrupuleusement avec des mots bien choisis, dont le nombre de lettres correspond aux décimales successives de pi. La plus célèbre d'entre ces phrases est certainement celle qu'on attribue au mathématicien britannique Sir James Jeans :

How I want a drink, alcoholic of course, after the heavy lectures involving quantum mechanics !

Considérant que le mot How = 3 (trois lettres), I = 1, et want = 4, la phrase complète traduite en chiffres donne 3, 14159265358979 – c'est-à-dire pi et quatorze de ses décimales.

Un poème (publié en 1905) donne, pour sa part, trente décimales :

> *Sir, I send a rhyme excelling*
> *In sared truth and rigid spelling*
> *Numerical sprites elucidate*

For me the lexicon's dull weight
If Nature gain
Not your complain,
Tho' Dr Johnson fulminate

Le défi pour ces auteurs est d'arriver à traduire la 32e décimale : 0. Une solution consiste à utiliser la ponctuation, un point par exemple ; une autre, un mot de dix lettres. Certains ont recours à des mots plus longs pour deux chiffres successifs. Par exemple, le mot en onze lettres « calculating » signifie 1 suivi d'un autre 1.

Quand je regarde une suite de nombres, ma tête se remplit de couleurs, de formes et de textures qui s'accordent spontanément entre elles pour former des paysages. Ceux-ci sont toujours très beaux pour moi. Enfant, je passais souvent des heures à explorer les payages numériques de mon esprit. Pour me souvenir de toutes les décimales, je devais simplement dessiner les formes et les textures dans mon esprit pour pouvoir les lire par la suite.

Pour de grands nombres comme pi, je divise les décimales en plus petites sections. La taille des segments varie, selon la décimale. Par exemple, si un nombre brille beaucoup dans ma tête et que le suivant est très sombre, je vais les visualiser séparément, alors qu'un nombre lisse suivi par un autre nombre lisse sera en continuité avec lui. À mesure que la suite décimale grandit, mon paysage numérique devient plus complexe et plus riche jusqu'à ce que – comme dans le cas de pi – il devienne un pays entier dans mon esprit, exclusivement composé de nombres.

C'est ainsi que je « vois » les vingt premières décimales de pi :

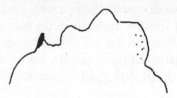

Les nombres montent tout d'abord, puis s'obscurcissent et deviennent irréguliers avant de s'incurver et de serpenter vers le bas.

Et voici les cent premières décimales de pi, telles que je les vois :

À la fin de chaque segment de nombres, le paysage change et de nouvelles formes, de nouvelles couleurs et de nouvelles textures apparaissent. Ce processus se poursuit indéfiniment, aussi longtemps que dure la suite de décimales dont je me souviens.

La plus fameuse suite numérique de pi est appelée le point de Feynman, entre les 762e et 767e décimales : ...999999...Cette suite est ainsi appelée d'après Richard Feynman, un physicien, qui avait dit qu'il aimerait mémoriser les décimales de pi jusqu'à ce point – de sorte qu'en les récitant il puisse finir par : « .... 9, 9, 9, 9, 9, 9, 9, et cætera. » Le point de Feynman est visuellement très beau pour moi. Je le vois comme une bande épaisse et profonde de lumière bleu sombre.

De même, il y a une autre très belle suite de décimales entre la 19 437ᵉ et la 19 453ᵉ : « ...99992128599999399... » avec la répétition des 9 d'abord quatre fois, puis, peu de temps, après cinq fois et ensuite deux fois encore. Au total, onze fois, en l'espace de dix-sept décimales. C'est ma suite préférée parmi les plus de 22 500 décimales de pi que j'ai mémorisées.

J'ai commencé à travailler en décembre 2003, avec trois mois devant moi pour apprendre toutes les décimales nécessaires pour battre le record (22 500 et plus). La première difficulté fut de trouver autant de décimales de pi : la plupart des livres n'en donnaient que quelques dizaines ou quelques centaines. Internet m'apporta la réponse, bien que la plupart des sites ne listent que mille ou quelques milliers de décimales. Finalement, Neil trouva un super ordinateur de Tokyo qui avait dans ses fichiers des millions de décimales de pi. Il devint la référence dans notre tentative de battre le record.

Neil imprima les nombres sur des feuilles format A4, mille décimales par page, pour que cela soit le plus pratique possible pour moi. Les décimales furent ensuite cassées en « phrases » de cent chiffres chacune, pour que ce soit plus lisible et pour minimiser le risque de mal identifier les nombres et d'en apprendre certains de manière incorrecte.

Je ne travaillais pas tous les jours. Parfois, j'étais trop fatigué et trop agité pour apprendre. D'autres fois, je me gorgeais de nombres et j'en absorbais plusieurs centaines en une seule fois. Neil remarqua que lorsque j'étudiais pi, mon corps se tendait et s'agitait – je me balançais d'avant en arrière sur ma chaise ou tirais continuellement mes lèvres avec mes doigts. Dans ces moments-là, il était pratiquement impossible pour lui de me parler ou d'interagir avec moi, c'était comme si j'étais dans un autre monde.

Ces périodes d'étude étaient souvent brèves (la plupart duraient une heure ou moins) parce que ma concentration fluctuait beaucoup. Je choisissais la pièce la plus calme, à l'arrière de la maison, pour travailler, comme si le plus petit bruit pouvait m'interdire toute concentration. Parfois, je me bouchais les oreilles, au cas où. Pendant que je mémorisais, je tournais souvent en cercle autour de la pièce, tête baissée et les yeux à demi ouverts – afin de ne rien heurter. D'autres fois, je restais assis sur ma chaise, je fermais les yeux et je visualisais mes paysages numériques et leurs nombreuses formes, couleurs et textures.

Comme la performance publique devait être orale et non pas écrite, il était important pour moi de répéter devant quelqu'un. Une fois par semaine, Neil contrôlait : il prenait une feuille ou plus, couvertes des nombres, pendant que je récitais, en faisant les cent pas, des séquences toujours plus grandes de nombres. Dire les nombres à haute voix était une expérience étrange et difficile au début, parce qu'ils étaient entièrement visuels pour moi. À ma première répétition devant Neil, j'hésitai et je fis plusieurs erreurs. Frustré, je m'inquiétai de ne pouvoir y arriver devant une foule. Comme toujours, Neil se montra patient et rassurant – il savait que c'était difficile pour moi de réciter les nombres à haute voix et il me recommanda de me calmer et de juste essayer.

Avec l'entraînement, cela devint progressivement plus facile. Mon assurance grandit à l'approche de la date fatidique. À mesure que le nombre de décimales grandissait, il n'était plus possible de les réciter en une fois devant Neil, et nous décidâmes que je ne m'entraînerais à énumérer que certaines parties de pi avec lui, une fois par semaine. À d'autres moments, je me réciterais les décimales à haute voix, rien que pour moi, assis ou marchant autour de la maison, jusqu'à ce que le flot des nombres se lisse et s'harmonise.

Pour aider à la récolte de fonds, la NSE créa une page spéciale sur Internet qui accueillit dons et messages de soutien du monde entier. Un don, par exemple, nous parvint d'une école de Varsovie, en Pologne. La NSE envoya également un communiqué de presse pendant que Neil et moi faisions le tour de nos familles et de nos amis pour collecter des fonds. Un voisin qui avait eu vent de l'événement vint me parler de l'épilepsie de sa propre fille et m'exprima son admiration. Recevoir de tels soutiens, des cartes postales, des e-mails de bonne chance, m'inspirait beaucoup.

Le samedi 13 mars, Neil nous conduisit à Oxford. Bien que j'aie fini d'apprendre les décimales depuis plusieurs semaines, j'étais toujours très nerveux à l'idée de les réciter en public. Nous passâmes la nuit dans une pension de famille près du musée et je tentai de dormir du mieux que je pus, ce qui n'était pas évident parce que je n'arrêtais pas de penser au lendemain. Finalement je m'endormis et rêvai que je marchais dans mes paysages de décimales – là au moins, je me sentais calme et sûr de moi.

Le matin suivant, nous nous levâmes tous les deux de bonne heure. Je n'étais pas le seul à m'inquiéter car Neil se plaignait de crampes d'estomac, ce qui était – je le savais – le signe de sa nervosité. Nous prîmes notre petit déjeuner ensemble puis nous nous rendîmes au musée. C'était la première fois que je venais à Oxford et j'étais excité à l'idée de voir cette ville, fameuse pour son Université (la plus ancienne du monde anglophone) et connue comme la « Cité des Tours fantastiques[1] », en référence à l'architecture de l'Université. Nous passâmes par une série de longues rues étroites et pavées avant d'arriver à destination.

Le musée de l'Histoire des Sciences, situé dans Broad Street, est le plus ancien bâtiment au monde construit pour être, dès le départ, un musée. Édifié en 1683, ce fut le premier musée du monde ouvert au public. Parmi sa collection d'environ quinze mille objets, depuis l'Antiquité jusqu'au début du XXe siècle, on trouve une série d'instruments mathématiques anciens utilisés pour le calcul, l'astronomie, la navigation, l'observation et le dessin.

Après nous être garés sur le parking, nous vîmes des membres de la NSE, du musée, des journalistes, des télévisions qui attendaient devant le bâtiment. Simon, le responsable de la collecte des fonds, vint à notre rencontre et me serra la main vigoureusement en me demandant comment j'allais. Je lui répondis que j'allais bien.

---

1. The « City of dreaming spires ».

Je fus présenté aux autres personnes qui m'attendaient puis on me demanda de poser pour les photographes sur les marches du musée. Je m'assis sur une marche, froide et humide, et je tentai de ne pas trop m'agiter.

À l'intérieur, la salle prévue pour la récitation était longue et poussiéreuse, remplie de différents objets placés dans des vitrines. Sur un côté, contre le mur, on avait placé une table et une chaise pour moi. De là, j'avais une vue imprenable sur le tableau noir d'Einstein, sur le mur, en face de moi. Un peu à l'écart, une autre table, plus longue, avec des nombres écrits sur des feuilles de papier et un chronomètre digital. Assis autour de la table, des membres du département des sciences mathématiques de la Oxford Brookes University voisine s'étaient portés volontaires pour contrôler l'exactitude de ma récitation. Le chronomètre serait lancé au début de ma récitation, de sorte que le public qui entrerait puisse voir depuis combien de temps je parlais. L'événement avait été relayé par la presse locale et il y avait des affiches devant le musée pour inciter les passants à entrer. Des membres de la NSE se tenaient également prêts à distribuer des brochures et à recevoir des dons.

Neil était toujours très tendu, quasiment malade, mais il était déterminé à rester pour me soutenir et sa présence était tout à fait rassurante. Après avoir posé pour d'autres photos à l'intérieur de la salle, je m'assis devant ma table et sortis les quelques munitions que j'avais apportées : des bouteilles d'eau pour soulager ma gorge, ainsi que du chocolat et des bananes pour me donner de l'énergie pendant la récitation. Simon réclama le silence. J'étais prêt à commencer et il lança le chronomètre à 11 heures et 5 minutes.

Et je commençai les premières décimales de pi, désormais très familières, les paysages numériques grandissant dans ma tête et changeant au fur et à mesure que je parlais. Pendant ce temps, les examinateurs cochaient chaque nombre dont je m'étais correctement souvenu. Le silence était presque total dans la salle, à l'exception d'un bruit de pas, parfois, ou d'une toux. Mais cela ne me dérangeait pas car pendant que j'énumérais les décimales, j'avais la sensation de m'enfoncer dans le flot visuel des couleurs et des formes, des textures et du mouvement, comme si je pénétrais dans mes paysages numériques. La récitation devint presque mélodieuse, comme si chaque respiration contenait un nombre, puis un autre, et encore un autre. Je réalisai soudain que j'étais tout à fait calme, comme s'il s'agissait de la suite de mon rêve de la nuit précédente. Je pris un peu plus de dix minutes pour terminer les mille premières décimales. J'ouvris une bouteille d'eau et je bus un peu avant de continuer.

Peu à peu, la salle se remplit d'un public qui se tenait à distance de moi et me regardait en silence. Bien que j'aie été surtout angoissé à l'idée de réciter pi devant tant de gens, à la fin, je ne les remarquais quasiment plus, comme si toutes mes pensées étaient absorbées dans le flot rythmique et continu des nombres. Il n'y eut qu'une seule interruption significative dont je me souvienne, quand un téléphone portable se mit à sonner. À ce moment-là, je m'arrêtai de réciter et j'attendis que le bruit cesse.

Les règles de l'événement voulaient que je ne parle ni ne communique avec quiconque pendant la récitation. De petites pauses étaient prévues et permises pendant lesquelles je mangeais un peu de chocolat ou de la banane. Pour garder ma concentration pendant les pauses, je marchais d'un bout de la pièce à l'autre, derrière ma chaise, tête baissée, évitant le regard des spectateurs. Rester assis s'avérait plus difficile que prévu, et j'avais tendance à m'agiter beaucoup. Pendant que je cherchais les décimales, je roulais de la tête, la couvrais de mes mains et je me balançais doucement en fermant les yeux. À une heure et quart de l'après-midi, je passai le cap des dix mille décimales, après deux heures de récitation. Avec les heures, je sentais la fatigue qui m'envahissait et je voyais dans ma tête les paysages se brouiller de plus en plus. Avant le jour même de l'événement, je n'avais jamais récité tous les nombres à la suite et j'espérais désormais que j'aurais assez de forces pour finir.

Il y eut un moment, vers la fin, où je crus que je ne serais pas capable de terminer. C'était au-delà de la 16 600e décimale. Mon esprit fut soudain tout à fait vide, pendant quelques instants : plus de formes, plus de couleurs, plus de textures, rien. Je n'avais jamais vécu cela avant, c'était comme si je regardais un trou noir. Je fermai les yeux fort et je respirai profondément. Puis je ressentis un fourmillement dans ma tête et, surgissant de l'obscurité, les couleurs recommencèrent à m'envahir. Je continuai.

Au milieu de l'après-midi, j'arrivai à la fin de mon voyage numérique. Après cinq heures de récitation, je me sentais épuisé et me réjouissais d'en voir le bout. C'était comme si j'avais couru un marathon dans ma tête. À quatre heures et quart, ma voix trembla de soulagement quand je récitai mes dernières décimales : « 67657486953587 » et fis signe que j'avais terminé. J'avais récité 22 514 décimales de pi sans faire d'erreur, en cinq heures et neuf minutes, nouveau record d'Angleterre et d'Europe. Le public me fit un tonnerre d'applaudissements et Simon courut vers moi pour me prendre par surprise dans ses bras. Je remerciai les examinateurs d'avoir surveillé l'épreuve. On me demanda de venir dehors, de poser pour des photos supplémentaires et l'on m'offrit le premier verre de champagne de ma vie.

L'écho médiatique de l'événement fut phénoménal et dépassa toutes les espérances de la NSE et les miennes. Dans les semaines suivantes, je donnai des interviews à plusieurs journaux et radios, dont la BBC World Service et des radios aussi lointaines que celles du Canada ou d'Australie.

L'une des questions récurrentes que l'on me posait était celle-ci : Pourquoi apprendre autant de décimales d'un nombre comme pi ? Ma réponse était – et est encore aujourd'hui – que pi est pour moi quelque chose de très beau et tout à fait unique. Comme Mona Lisa ou une symphonie de Mozart, pi est sa propre raison pour être aimé.

11

À la rencontre de Kim Peek

Dans l'avalanche d'articles de journaux et d'interviews radio qui suivirent le succès de ma tentative de record, une grande chaîne de télévision britannique m'offrit de participer à un documentaire d'une heure autour de mon histoire. Le tournage aurait lieu aux États-Unis et en Grande-Bretagne. Les producteurs avaient été impressionnés par les images qu'ils avaient vues de moi à Oxford et en particulier par ma capacité à gérer la présence d'un public et des médias. Ils projetaient d'aller aux États-Unis pour filmer Kim Peek, cet homme atteint du syndrome savant qui a inspiré le film *Rain Man*, et ils pensaient que ma capacité à mettre ma propre expérience du syndrome savant en perspective permettrait au documentaire de trouver un point de départ et de référence. Non seulement c'était l'occasion pour moi de rencontrer Kim

Peek, mais encore j'allais pouvoir discuter avec les experts et les chercheurs les plus performants sur le syndrome savant, aux États-Unis comme en Grande-Bretagne. Cela pouvait être la chance d'une vie.

Je donnai mon accord malgré ma grande angoisse. Je n'avais pas quitté l'Angleterre depuis cinq ans (pendant ce temps, je ne m'étais en effet pas vraiment éloigné de notre ville) et la perspective de passer plusieurs semaines loin de chez moi, à voyager et à faire un film m'effrayait. Je m'inquiétais de savoir si j'allais pouvoir gérer les impératifs d'un voyage sans mes petits rituels quotidiens. Je n'avais jamais été aux États-Unis (bien que je puisse réciter la date, le second prénom et le parti de tous les présidents américains depuis McKinley) et je ne savais pas comment j'allais trouver ce pays. Et si c'était trop grand, trop bruyant, trop lumineux pour moi ? Et si je me sentais envahi et paniqué dans ce grand pays à un océan de chez moi ?

La pensée d'être constamment sur le départ, jour après jour, d'aller d'un endroit à un autre, inquiétait ma famille, Neil et moi-même. Ils me poussaient à partir, mais ils insistaient pour que je parle de tout cela avec la production. Au cours de la conversation que j'eus avec l'équipe, je reçus l'assurance qu'ils ne me laisseraient pas seul dans un espace public (où je pourrais me perdre) et que le tournage ne serait pas intrusif mais prendrait les événements comme ils viendraient.

Le programme de la production était ambitieux : nous devions zigzaguer d'un bout à l'autre des États-Unis pendant deux semaines, avec des étapes aussi variées que San Diego en Californie ou Salt Lake City dans l'Utah. La production avait proposé comme titre provisoire *Brainman*[1] – une référence au film avec Dustin Hoffman – que je n'aimai pas, tout d'abord, avant de finir par m'y faire.

Je rencontrai l'équipe pour la première fois une semaine avant le départ, en juillet 2004. Ils se montrèrent amicaux et voulaient que je me sente à l'aise. Le cameraman, Toby, avait le même âge que moi. Tout le monde était enthousiaste – pour l'équipe, c'était une émission très atypique et ils ne savaient pas à quoi s'attendre. J'étais excité aussi, en partie parce que tout le monde l'était, et que j'éprouvais beaucoup d'émotions en réaction à ceux qui m'entouraient. Mais je me sentais également heureux, intérieurement. Une nouvelle aventure commençait.

Je finis de faire mes valises la veille du départ : un manteau, deux paires de chaussures, quatre pulls, six pantalons ou shorts, huit T-shirts, onze paires de chaussettes et de sous-vêtements, un tube neuf de dentifrice, une brosse à dents électrique, une crème, des huiles essentielles, un gel douche et un shampoing. Neil m'avait trouvé un téléphone portable afin que nous restions en contact. Son travail l'empêchait de m'accompagner. Je gardais le téléphone dans ma poche droite ; mon passeport, mon billet et mon portefeuille dans l'autre.

Neil me conduisit à l'aéroport et me serra dans ses bras avant que j'entre dans le terminal. C'était

---

1. Il y a un jeu de mot, « Brainman » signifiant « l'homme-cerveau ».

la première fois en trois ans et demi que nous étions séparés. Pourtant, je ne réalisais pas que je devais montrer de l'émotion et ses embrassades me firent sursauter. Dans le terminal, il y avait beaucoup de monde et beaucoup de bagages. Tous ces gens bougeaient autour de moi et je commençai à me sentir anxieux. Je me mis à compter les personnes dans les files d'attente pour me calmer. L'équipe était déjà là et nous allâmes ensemble jusqu'à l'embarquement.

C'était un typique jour d'été, chaud et clair, et je vis, depuis mon siège, le ciel bleu disparaître sous les nuages. Le pilote nous annonça que le vol allait durer onze heures jusqu'à l'aéroport international de Los Angeles. Quand on me donne une estimation de temps, je la visualise en moi à l'aune d'un morceau de pâte sur une table que je considère comme une heure. Par exemple, je comprends combien de temps dure une promenade d'une demi-heure en imaginant qu'on roule le morceau de pâte jusqu'à la moitié.

Mais onze heures était pour moi une période d'une longueur sans précédent pour moi et je n'arrivais pas à me la représenter. Cela me rendit nerveux et je fermai fort mes paupières puis les rouvris doucement en regardant mes pieds : j'allais mieux.

J'aime me préparer mentalement à ce qui va arriver, répéter les différentes possibilités dans ma tête parce que je me sens mal quand les événements surviennent de manière inattendue ou imprévisible. Je savais qu'à un moment, un steward allait approcher pour me demander quelque chose (ce que je voulais manger, par exemple) et je m'imaginais le steward qui se tenait là et me parlait. Dans mon esprit, je me voyais calme et répondant sans difficulté.

Mes mains fouillaient constamment mes poches, cherchant pour la centième fois mon téléphone, mon passeport, mon portefeuille. Quand j'entendis le roulement des chariots qui s'approchaient de moi, je devins de plus en plus tendu et vigilant. Je n'aimais pas les surprises. J'écoutai attentivement les conversations des stewards avec les autres passagers pour savoir ce que le steward allait me dire. J'avais déjà fait mon choix dans ma tête : poulet avec compote et boulettes. Le chariot vint et repartit sans encombre. Et j'avais fait un bon choix.

J'étais trop anxieux pour dormir pendant le vol. À la place, je lus des magazines et j'écoutai de la musique avec les écouteurs en plastique qu'on nous avait donnés. Quand nous atterrîmes, je ne pus m'empêcher de ressentir un sentiment explicite d'achèvement : j'y étais arrivé. Ma tête me faisait mal, mes jambes et mes bras étaient courbatus, mais j'étais en Amérique.

Dehors, le temps était clair et plus chaud qu'à Londres. J'attendis pendant que le réalisateur s'occupait de la location d'un véhicule. L'équipe chargea bientôt à l'arrière des boîtes pleines d'objectifs et tout un équipement de tournage. C'était comme les regarder jouer à Tetris[1]. Après plusieurs tentatives, ils réussirent à tout faire rentrer. Nous allâmes ensuite à San Diego, dans un hôtel près de la mer. Quoique épuisés, on me dit que nous devions partir tôt le lendemain matin. Dans ma chambre, je me brossai les dents

---

1. Jeu vidéo de puzzle.

méthodiquement, lavai mon visage rituellement en m'aspergeant (cinq fois) d'eau au-dessus du lavabo et réglai le réveil à 4 heures 30 du matin. À peine allongé sur mon lit, je m'endormis.

Quand l'alarme du réveil hurla à la mort, je bondis et couvris mes oreilles de mes mains. Ma tête me faisait mal et je n'avais pas l'habitude des réveils. Je tâtonnai d'une main pour trouver le bon bouton et rendis la pièce au silence. Dehors, il faisait toujours noir. Je me lavai les dents pendant exactement deux minutes et pris une douche. Je n'aimais pas que tout dans la pièce soit différent. Le pommeau de la douche était plus large, l'eau tombait plus drue sur ma tête et la texture des serviettes était étrange. Une fois séché, j'enfilai mes vêtements : au moins, eux, ils étaient comme d'habitude. Considérablement agité, je sortis de ma chambre et descendis dans la salle à manger. J'attendis que Toby arrive, une figure familière, avant de m'asseoir et de commencer à manger. Je pris un muffin avec un peu de thé. Quand les autres furent descendus et eurent fini de manger, nous montâmes dans la voiture et longeâmes des rangées de grands immeubles avec des vitres scintillantes. Nous avions rendez-vous avec le Pr Ramachandran, le très respecté neurologue, et son équipe, au Centre d'étude du cerveau de Californie.

Les scientifiques vinrent nous accueillir et nous conduisirent dans le bureau du professeur, à travers des corridors étincelant dans la lumière du soleil qui ruisselait depuis les fenêtres. Nous arrivâmes dans une grande pièce, plus sombre que le couloir, aux murs tapissés de rangées de livres serrés les uns contre les autres, avec une lourde table couverte de maquettes en plastique du cerveau et de feuilles de papier éparses. On me fit asseoir en face du professeur assisté de l'un des membres de son équipe.

Quand il prit la parole, sa voix explosa dans la pièce. De fait, tout semblait fort chez lui : ses gros yeux ronds, ses cheveux noirs épais et bouclés, sa moustache. Je me souviens d'avoir pensé combien ses mains ouvertes me semblaient grandes. Son enthousiasme était évident et d'une certaine manière il me mit à l'aise. Bien que nerveux, je ressentais des frissons d'excitation, moi aussi.

On me demanda de faire quelques calculs de tête pendant que l'assistant du professeur vérifiait les réponses avec une calculette. À cause du décalage horaire, ma tête me faisait mal, mais je fus quand même capable d'effectuer les opérations du professeur. Ils me lurent ensuite une suite de nombres en me demandant lesquels étaient premiers. Je fis un sans-faute. J'expliquai la manière dont les nombres étaient pour moi des couleurs, des formes et des textures. Le professeur paraissait à la fois intrigué et impressionné.

Au déjeuner, l'assistant du professeur, Shai, un jeune homme avec des cheveux noirs et des grands yeux ronds comme le professeur, m'accompagna à la cafétéria du campus. Shai était fasciné par mes descriptions des nombres et par les différents calculs que j'avais faits de tête. Plus tard, on m'appela dans une autre pièce où je rencontrai un autre assistant du professeur, Ed, qui voulait en savoir plus sur mes expériences visuelles des nombres. Je peinais à trouver les mots pour les décrire, aussi pris-je un stylo pour dessiner les formes des nombres qu'on me demandait. Les scientifiques étaient abasourdis. Ils n'avaient pas prévu que mes perceptions seraient aussi complexes qu'elles le semblaient maintenant, ni que je serais capable de les leur communiquer aussi précisément.

La réaction des scientifiques surprit toute l'équipe. Ils demandèrent au réalisateur s'ils pouvaient avoir plus de temps pour étudier certaines de mes aptitudes spécifiques et mes expériences visuelles des nombres. Le réalisateur passa un coup de fil au producteur, à Londres, qui donna son accord.

Le lendemain, sous l'œil des caméras, on me demanda de revenir sur mes descriptions et dessins des différents nombres. J'allai au tableau que je couvris petit à petit de dessins et d'illustrations correspondant à ma vision des différents nombres et calculai de tête en utilisant des formes synesthésiques. On me demanda même de réaliser certains nombres en pâte à modeler.

Ensuite, on me pria d'observer l'écran d'un ordinateur rempli de décimales de pi tandis que mes doigts étaient reliés à des capteurs biométriques[1]. Les scientifiques avaient secrètement substitué des 6 à des 9 de manière aléatoire car ils voulaient savoir si ces changements pouvaient se mesurer, neurologiquement. Regardant les nombres sur l'écran, je commençai à me sentir mal et je grimaçai beaucoup parce que je voyais des pans entiers de mes paysages numériques dévastés, comme vandalisés. Les capteurs enregistrèrent des variations significatives, indiquant que j'avais une réponse physiologique à

---

1. Galvanic Skin Response Meter.

l'altération des nombres. Les scientifiques, surtout Shai, étaient fascinés.

Parfois, on me demande si cela me gêne d'être un cobaye pour la science. Je n'ai aucun problème avec cela parce que je sais que je contribue à une meilleure connaissance du cerveau humain, ce qui est quelque chose de bénéfique pour tout le monde. C'est aussi gratifiant pour moi d'en apprendre plus sur moi-même, et sur la façon dont mon esprit fonctionne.

Alors que la séance avec l'équipe scientifique touchait à sa fin, Shai demanda si je voulais qu'il m'emmène sur les falaises voisines pour voir la mer et regarder les planeurs tournoyer dans le ciel. Il avait envie de passer du temps avec moi, loin de l'équipe et des caméras. Nous marchâmes tous les deux sur les falaises et il me posa des questions sur mes sentiments pour les différents nombres, prenant des notes à l'aide d'un carnet et d'un crayon qu'il avait spécialement apportés. Mes réponses semblaient le transporter d'enthousiasme, et plus encore. « Savez-vous que vous êtes un cas unique pour un scientifique ? » me dit-il tout de go. Je ne savais comment répondre. J'aimais bien Shai et je promis de rester en contact avec lui, ce que j'ai fait jusqu'à aujourd'hui, par e-mail.

Notre étape suivante était Las Vegas, la « cité des rêves » du Nevada, et l'indiscutable épicentre mondial du jeu. La production souhaitant montrer certaines de mes aptitudes selon une approche télévisuelle « divertissante », on avait décidé de me faire rejouer une scène de *Rainman*.

Mes sentiments étaient partagés pour cette séquence. La dernière chose que je voulais, c'était de rendre mes aptitudes triviales et de renforcer le stéréotype erroné que tous les autistes sont comme le personnage de *Rainman*. En même temps, je comprenais que le film avait besoin de scènes visuelles et divertissantes en contrepoint des séquences scientifiques. J'adorais jouer aux cartes avec mes amis et je n'avais jamais mis les pieds dans un casino de ma vie. La curiosité l'emporta.

La chaleur de l'air du Nevada était incroyable, comme si un sèche-cheveux au maximum de sa puissance soufflait continuellement et directement sur moi. Même habillé d'un T-shirt léger de coton et d'un short, mon corps devint rapidement liquide pendant que nous attendions la voiture de location qui devait nous conduire à notre nouvel hôtel. Le voyage fut heureusement rapide et nous fûmes tous ravis de la climatisation dans le hall de l'hôtel. Passer devant les nombreux grands bâtiments clinquants de la ville m'avait donné la nausée. Pourtant, ce sentiment de soulagement était prématuré.

La vision que nous eûmes en arrivant à l'hôtel tempéra en effet tout l'enthousiasme que nous pouvions commencer à ressentir. Le producteur avait eu beaucoup de difficultés à trouver un casino qui veuille bien accepter une équipe de télévision en train de tourner un documentaire. Finalement, il avait sélectionné un établissement du centre-ville, bien plus petit que ses cousins plus fameux, qui avait accepté avec enthousiasme et même offert de nous loger gratuitement. Notre première impression, cependant, n'était pas bonne. Le tapis était sale et il y avait une odeur viciée et persistante dans le hall.

Pour ne rien arranger, nous dûmes attendre une heure que nos chambres soient prêtes.

Pourtant, une fois faites, les chambres se révélèrent étonnamment spacieuses et confortables. Alors que la nuit tombait, on m'emmena en voiture pour me filmer remontant le fameux « strip » de Las Vegas, éclairé de tous côtés par les lumières éblouissantes des casinos. Je serrais mes mains l'une contre l'autre, très étroitement, et je sentais mon corps qui se tendait et se figeait : la trop grande quantité de stimuli me mettait mal à l'aise. Heureusement, la balade ne dura pas et nous allâmes manger tous ensemble dans un restaurant du quartier avant d'aller nous coucher.

Le matin suivant, l'équipe se chargea d'isoler et de préparer un coin calme parmi les tables de black jack avant de venir me chercher. La direction du casino nous avait fourni un grand nombre de jetons à utiliser pendant la séquence. Je rencontrai le propriétaire du casino et je fus présenté au croupier qui m'expliqua rapidement les règles du jeu.

Le black jack est l'un des jeux de cartes les plus populaires, également connu sous le nom de « vingt-et-un[1] ». Le but du jeu consiste à parier sur chaque main que les cartes du joueur vont battre celles du croupier, sans dépasser 21. Un as peut valoir 1 ou 11, tandis que toutes les figures (valets, dames, rois) valent 10.

Au début de chaque main, après les mises de départ, le donneur distribue deux cartes à chaque joueur, et à lui-même. Mais il laisse l'une des

---

1. En français dans le texte.

siennes face retournée. Une figure plus un as est appelé un « black jack » : le joueur gagne. Le croupier offre ensuite à chaque joueur de choisir entre demander d'autres cartes (« carte ! ») ou rester avec son total actuel (« servi »). Si un joueur dépasse 21, il perd, ou « crève ». Suivant les décisions des joueurs, le croupier révèle sa carte cachée et décide ou pas d'en tirer d'autres. S'il a moins de 17, il doit tirer une ou plusieurs cartes pour atteindre au moins 17. Si le croupier « crève », les joueurs l'emportent.

Compter les cartes, pratique bien connue au black-jack, consiste à repérer les suites de cartes pour prendre l'avantage sur le croupier, renchérissant sa mise quand le compte est bon (si, par exemple, il reste beaucoup de figures dans le paquet) et restant prudent quand il est mauvais. Dans sa forme la plus simple, compter les cartes revient à attribuer des valeurs aux cartes, positives pour des cartes médiocres comme 2 ou 3, et négatives pour d'autres comme les 10. Celui qui compte repère les valeurs de ce qui a été distribué pour pouvoir estimer ce qu'il reste à distribuer et évaluer ses risques.

Compter les cartes n'est pas facile et même des joueurs chevronnés et très doués ne gagnent pas plus de 1 % de ce qu'ils misent. Les casinos, de plus, bannissent souvent ceux qu'ils suspectent de compter les cartes. Notre table utilisait de toute façon un sabot de huit jeux de cartes, c'est-à-dire quatre cent seize cartes, de façon à minimiser les risques.

Les casinos sont des environnements bruyants et distrayants pour jouer, et mon principal défi était d'essayer de me concentrer. Lorsque je m'assis sur ma chaise, en face du croupier, je ne regardai que le sabot, fixant intensément les paquets prêts à être ouverts, battus et empilés pour le début du jeu. Les caméras attiraient les curieux et bientôt j'eus une véritable foule autour de moi.

Il était prévu que je joue pendant un temps déterminé à l'avance. Le casino avait réservé la table, de sorte que je sois seul à jouer. Le croupier contre moi. Voulant tout d'abord sentir le jeu, je commençai par prendre des décisions simples fondées sur les différentes cartes distribuées : je déclarais être « servi » si j'avais un 10 et un 8 et « carte ! » si j'avais un 3 et un 9 (sauf si la carte découverte du croupier était un 4, un 5 ou un 6), une technique connue sous le nom de « stratégie de base ».

Même quand le joueur suit la stratégie de base de manière optimale, le croupier a toujours un avantage statistique. Petit à petit, mon tas de jetons diminua sérieusement. En revanche, je sentais mieux le jeu, je prenais des décisions plus rapidement et j'étais plus à l'aise. Je décidai alors soudain de jouer à l'instinct, suivant l'expérience visuelle que j'avais des nombres dans ma tête, de leurs paysages avec leurs gouffres et leurs pics. Quand la ligne du paysage s'élevait, je jouais de manière plus agressive, et vice versa.

Un changement se produisit alors : je gagnais plus souvent et avec des mains plus surprenantes. Je me détendais et je commençais à prendre plaisir à jouer. À un certain moment crucial, le croupier me donna une paire de 7 tandis qu'il tirait un 10. La stratégie de base me poussait à annoncer « carte ». Mais j'écoutai mon instinct et séparai ma paire en doublant ma mise de départ. Le croupier me donna un troisième 7. Je demandais si je pouvais séparer ma paire encore une fois. Le croupier manifesta sa surprise – il est extrêmement rare de jouer contre le 10 du croupier. La paire fut séparée : j'avais désormais trois mains de 7 sur la table, j'affrontais un 10 et ma mise était triplée. Derrière moi, j'entendis le public exprimer sa désapprobation. Un homme remarqua même à haute voix : « Qu'est-ce qu'il a à séparer des 7 contre un 10 ? » Le croupier distribua des cartes pour les trois mains – 21 pour la première. Il continua : un autre 21. Finalement, la dernière main : encore 21. Trois 21 de suite en une seule main contre le croupier. J'avais comblé toutes mes pertes et fait sauter la banque.

Cependant je fus content de quitter Las Vegas. Il faisait trop chaud, il y avait trop de monde et trop de lumières éblouissantes. Le seul moment où je m'étais senti à l'aise, c'était avec les cartes. Je ressentais un terrible mal du pays et, de retour à l'hôtel, j'appelai Neil de ma chambre et j'éclatai en sanglots en entendant le son de sa voix. Il me dit que j'agissais comme il fallait et que je devais continuer. Il était fier de moi. Je ne savais pas encore que le moment le plus important et le plus particulier de tout le voyage était encore à venir.

Le lendemain, nous nous rendîmes en avion à Salt Lake City, capitale de l'Utah et de la religion mormone. De l'hôtel à la bibliothèque publique, il n'y avait qu'un pas. Le bâtiment était extraordinaire : six murs arrondis et transparents pour une surface de vingt-deux mille mètres carrés et plus d'un demi-million de livres, des magasins et des services au rez-de-chaussée, des salles de lecture au-dessus et un auditorium de trois cents places. Étant donné mon amour persistant des livres et le souvenir des années passées à lire dans mes petites bibliothèques municipales, j'avais l'impression d'être au paradis.

La lumière du jour baignait ce vaste endroit et je ressentis le picotement familier de la tranquillité en moi. Les bibliothèques ont toujours eu le pouvoir de m'apaiser. Il n'y avait pas de foule, juste de petits paquets d'individus en train de lire, d'aller d'une étagère à une autre, d'une table à une autre. Il n'y avait pas de bruit intempestif, seulement celui du gentil feuilletage des pages ou de la discussion à voix basse entre amis ou collègues. Je n'avais jamais vu ni été dans une bibliothèque comme celle-là auparavant. Il me semblait que c'était le palais enchanté d'un conte de fées.

Au rez-de-chaussée, on me demanda d'attendre sur un banc et je comptai les rangées de livres et les gens qui passaient en silence. J'aurais pu rester assis des heures. Le réalisateur vint me chercher et nous prîmes l'ascenseur pour le deuxième étage. Là, ce n'étaient que rangées de livres sur rangées de livres, aussi loin que le regard pouvait porter. Un homme âgé s'approcha et me serra la main. Il se présenta comme Fran Peek, le père de Kim et celui qui s'occupait de son fils à plein-temps.

Kim Peek est un miracle. Quand il est né en 1951, les médecins dirent à ses parents qu'il ne marcherait jamais, qu'il ne pourrait pas apprendre quoi que ce soit et qu'il valait mieux le placer dans une institution. Kim était né macrocéphale en raison d'une poche d'eau dans le crâne, qui de plus avait endommagé son hémisphère gauche – impliqué dans la parole et le langage. En 1988, au cours d'un scanner, les neurologues découvrirent qu'il ne possédait pas de corps calleux, la membrane qui sépare les deux hémisphères du cerveau. Et pourtant, Kim avait été capable de lire dès 16 mois et termina le lycée à 14 ans.

Kim a mémorisé une grande quantité d'informations sur plus d'une douzaine de sujets, depuis l'histoire et la chronologie jusqu'à la littérature, le sport, la géographie et la musique. Il peut lire deux pages d'un livre simultanément, une page pour chaque œil, en retenant tout ou presque à la perfection. Kim a lu plus de neuf mille livres en tout et peut se rappeler leur contenu. Il est aussi doué pour le calcul calendaire.

En 1984, Kim et son père ont rencontré le producteur Barry Morrow à une conférence organisée par l'Association of Retarded Citizens, à Arlington, au Texas. Cette rencontre déboucha sur le film *Rainman*. Dustin Hoffman passa une journée avec Kim et fut si impressionné par ses dons qu'il supplia Fran de partager son fils avec le monde entier. Depuis cette époque, Kim et son père ont traversé les États-Unis en tous sens et parlé à plus d'un million de personnes.

C'était un moment que j'attendais depuis longtemps. C'était la première fois que je rencontrais et que je parlais avec une autre personne atteinte du syndrome savant. Fran avait expliqué à son fils qui j'étais et pourquoi nous étions venus. Le choix de la bibliothèque publique de la ville s'avéra judicieux : pour moi comme pour Kim, les bibliothèques sont des endroits particuliers, pleins de calme, de lumière, d'espace et d'ordre.

Après avoir rencontré Fran, je fus présenté à Kim qui se tenait debout près de son père. Kim est un homme corpulent d'âge moyen, avec une tignasse de cheveux gris et des yeux perçants et inquisiteurs. Il saisit rapidement mes bras et se tint très près de moi. « Donnez-lui votre date de naissance », suggéra Fran. « 31 janvier 1979 », dis-je. « Tu auras 65 ans un dimanche », annonça Kim. J'opinai et lui demandai sa date de naissance à lui : « 11 novembre 1951 », répondit-il. Je fis un grand sourire : « Tu es né un dimanche ! » Le visage de Kim s'illumina et je sus que désormais nous étions connectés.

Fran avait apporté une surprise pour moi : l'Oscar obtenu par le scénariste du film *Rainman*, Barry Morrow, que ce dernier avait généreusement donné aux Peek. Je tins prudemment la statuette dans mes mains. Elle était beaucoup plus lourde qu'elle n'en avait l'air. Fran me demanda de m'éloigner avec lui pour parler de l'enfance de Kim. Nous installâmes dans de confortables fauteuils en cuir tandis que Kim lisait un livre. Fran parla avec passion de la réaction des médecins face aux problèmes de son jeune enfant : « On nous a dit de le mettre dans une institution et de l'oublier. » Un neurochirurgien offrit même de lobotomiser Kim pour qu'il se fasse mieux à la vie dans une institution.

Je voulais en savoir plus sur la vie quotidienne de Kim et je demandai à Fran de me raconter un jour comme les autres : « Kim parle avec sa mère au téléphone tous les matins et il vient ici ensuite pour lire pendant des heures. Le soir, nous allons rendre visite à l'un de nos voisins, qui est vieux, et auquel Kim fait la lecture. »

Je lui demandai ce qu'il en était des tournées de conférences de Kim. « Nous voyageons toujours ensemble et nous ne demandons jamais d'argent. Nous nous rendons dans des écoles, des facultés et des hôpitaux. Kim peut répondre à presque toutes les questions qui lui sont posées : dates, noms, statistiques, codes postaux. Il n'y a qu'à demander. Le public le questionne et il leur livre toujours l'information, parfois même à ma grande surprise. Il n'est presque jamais pris en défaut. Son message est celui-ci : Vous n'avez pas besoin d'être handicapé pour être différent, car nous sommes tous différents. »

Nous terminâmes notre entretien et je pus parler seul à seul avec Kim entre les rangées de livres de la bibliothèque. Kim prit ma main alors que nous marchions. « Tu as le syndrome savant comme moi, Daniel », dit-il avec enthousiasme et il me serra la main. Déambulant entre les étagères, je remarquai que Kim faisait de brèves pauses, prenait un livre pour le feuilleter comme s'il le connaissait déjà, puis le remettait en place. En lisant, il murmurait parfois un nom ou disait une date, à voix haute. Il n'y avait que des essais, les romans ne semblaient pas l'intéresser, un point commun entre nous.

« Qu'est-ce que tu préfères ici, Kim ? » lui demandai-je. Sans dire un mot, il me conduisit à une section pleine de livres épais, reliés de cuir rouge. Il s'agissait des annuaires du comté de Salt Lake. Kim en prit un et s'assit à une table voisine. Il avait avec lui un carnet et un stylo et copia quelques noms et quelques numéros. Je le regardai et lui demandai s'il aimait les nombres, lui aussi. Il approuva lentement, plongé dans ses notes.

Je m'assis avec Kim et je me rappelai qu'il adorait qu'on lui pose des questions historiques, un de ses domaines de prédilection. « En quelle année Victoria devint-elle reine d'Angleterre ? » Kim me répondit immédiatement « 1837 ». « Quel âge aurait aujourd'hui Winston Churchill ? » « Cent trente ans. » « Et quel jour de la semaine serait son anniversaire cette année ? » « Ce serait un mardi, le dernier du mois de novembre. »

Supervisés par Fran et l'équipe de télévision, nous descendîmes au rez-de-chaussée où Kim m'expliqua, en les montrant du doigt, ce que contenaient les différentes étagères de livres. Nous sortîmes au soleil éclatant de l'après-midi et restâmes là, debout, Kim prenant encore une fois mes mains dans les siennes. Il me regarda dans les yeux et dit : « Un jour tu seras aussi grand que moi. » C'était le plus beau compliment qu'on m'ait jamais fait.

J'acceptai d'aller dîner avec Fran et Kim dans un restaurant local. Kim me raconta le souvenir qu'il avait de Dustin Hoffman et comme il avait été impressionné par les talents de Kim et par la chaleur de son caractère. Le père comme le fils soulignèrent l'importance de continuer à faire connaître les capacités de Kim parce que c'était un message de tolérance et de respect à destination du plus grand nombre possible.

Nous abandonnâmes Fran et Kim à regret. Chaque membre de l'équipe avoua que la rencontre avec Kim et son père avait été bouleversante. Leur histoire d'amour inconditionnel, de sacrifice et de persévérance dans l'adversité était très émouvante. Pour moi, c'était tout simplement une expérience inoubliable. Kim m'avait rappelé combien j'avais de la chance, en dépit de mes difficultés, de vivre dans une sorte d'indépendance qui ne lui était pas permise. Cela avait été également une joie de rencontrer quelqu'un qui aimait autant que moi les livres, les faits et les chiffres.

En rentrant à la maison, plusieurs pensées dont je n'arrivais pas à me départir m'envahissaient. Kim et moi avions beaucoup en commun, mais le plus important avait été ce sentiment de complicité entre nous. Nos vies avaient été très différentes, par beaucoup d'aspects, pourtant nous étions liés, de manière particulière et rare. Cela nous avait aidés à nous rapprocher et en ce jour, nous nous souvenons encore tous deux de l'extraordinaire valeur de l'amitié. J'avais été ému par l'enthousiasme avec lequel son père et lui m'avaient accueilli, par la façon dont ils s'étaient ouverts à moi et avaient partagé candidement leur histoire. Le don particulier de Kim ne réside pas que dans son cerveau, mais aussi dans son cœur, son humanité, sa capacité à toucher la vie des autres d'une manière vraiment unique. Rencontrer Kim Peek fut l'un des moments les plus heureux de ma vie.

12

À Reykjavík, à New York, à la maison

Après mon retour en Angleterre, les producteurs avaient encore un dernier défi pour moi : apprendre une nouvelle langue en une semaine, en partant de rien et devant les caméras. Pendant plusieurs mois, ils avaient fait des recherches et leur choix s'était finalement porté sur l'islandais – une langue à déclinaisons, en grande partie figée depuis le XIIIe siècle, comparable au vieil anglais et parlée aujourd'hui par trois cent mille personnes environ. Ci-dessous un exemple écrit pour se faire une idée :

Mörður hér maður er kallaður var gígja. Hann var sonur Sighvats hins rauða. Hann bjó á Velli á Rangárvöllum. Hann var ríkur höfðingi og málafylgjumaður mikill og svo mikill lögmaður að engir óttu löglegir dómar dæmdir nema hann væri voð. Hann átti dóttur eina er Unnur hét. Hún var væn kona og kurteis og vel að sér og ótti sá bestur kostur á Rangárvöllum.

(Extrait, en islandais, de la *Saga de Njall le brûlé*, la plus célèbre saga islandaise, datant du XIIIe siècle.)

« Il y avait un homme qui s'appelait Mördr, surnommé la Viole ; c'était le fils de Sighvatr le Rouge ; il habitait à Völlr dans les Rangárvellir. C'était un puissant chef, grand entrepreneur de procès et si versé dans la connaissance des lois qu'il n'y avait pas de jugement rendu qui parût légal s'il n'y avait pris part. Il avait une fille qui s'appelait Unnr ; c'était une belle femme, courtoise et accomplie, et on la tenait pour le meilleur parti des Rangárvellir[1]. »

L'islandais est considéré comme une langue très complexe et très difficile à apprendre. Par exemple, il n'existe pas moins de douze termes différents pour chacun des quatre premiers chiffres (1, 2, 3, 4) selon le contexte de la phrase. Les substantifs islandais se divisent en trois genres : le masculin, le féminin et le neutre. Les adjectifs s'accordent en genre avec les substantifs : soit Gunnar, un homme et Helga, une femme, alors *Gunnar er svangur* (Gunnar est affamé) mais *Helga er svöng* (Helga est affamée). De plus, l'islandais n'emprunte pas de mot à d'autres lan-

---

1. Traduction de Régis Boyer, *Les Sagas Islandaises*, Éditions Gallimard, coll. « La Pléiade », Paris, 1987.

gues, comme le fait l'anglais, mais crée systématiquement ses propres mots pour les objets modernes : *tölva* pour « ordinateur » et *simi* pour « téléphone » (d'après un vieux mot islandais qui signifie « fil »).

Au mois de septembre, le choix des producteurs me fut communiqué par la poste. Je reçus un paquet qui contenait un dictionnaire de poche, un album pour la jeunesse, deux grammaires et quelques journaux. La production avait décidé, pour des raisons de budget, de ne passer que quatre jours en Islande, au lieu de la semaine initialement prévue. Pour cette raison, le matériel d'apprentissage m'avait été envoyé quelques jours avant le départ. Il y avait pourtant un sérieux problème : le dictionnaire était très petit, ce qui rendait les textes presque impossibles à déchiffrer. J'étais également déçu de ne passer que quatre jours en Islande, sachant que le sommet de ce défi linguistique serait une interview télévisée à Reykjavík entièrement en islandais. Pour le réussir, j'avais besoin de me confronter le plus possible à la langue parlée.

Étant donné la situation, je fis du mieux que je pus avec ce que j'avais. J'appris des phrases courantes et du vocabulaire d'après les grammaires et je m'exerçai à construire mes propres phrases en m'inspirant des modèles que j'arrivais à déduire des différents textes. L'un des livres était accompagné d'un CD et j'essayai de l'écouter pour me faire une idée de l'accent et de la prononciation, mais j'eus beaucoup de mal à me concentrer à cause de cette tendance de mon cerveau à s'allumer et à s'éteindre lorsque je suis en phase d'écoute. Avec un interlocuteur, je peux faire attention, fournir un effort tout particulier pour rester concentré, mais avec un CD, c'est plus difficile. Je suppose que c'est parce que je ne ressens pas autant le besoin de m'investir. Quand le jour du départ arriva, toutes ces difficultés m'avaient rendu très soucieux.

Vint le moment de dire au revoir à Neil, encore une fois, bien que ce ne soit, à cette occasion, que pour quelques jours. Je pris un taxi et retrouvai l'équipe de tournage à l'aéroport. Heureusement, tout était calme et il n'y avait pas beaucoup de monde. J'avais emporté les livres dans mes bagages, mais j'espérais avoir un meilleur matériel, une fois en Islande. Le vol ne fut pas long et je passai l'essentiel du temps à regarder par le hublot ou à lire des livres islandais pour enfants.

L'Islande est l'un des plus petits pays du monde avec une population qui dépasse à peine le quart de million. Elle est située dans l'Atlantique Nord, juste au sud du cercle Arctique. Assise sur un point chaud de la faille atlantique, l'île est géologiquement très active. Il y a plusieurs volcans en activité, des geysers et les sources d'eau chaude chauffent un grand nombre de maisons islandaises. Le taux d'alphabétisation de la population a atteint 100 %. La poésie et la littérature y sont populaires. L'Islande détient le record mondial du nombre de livres, de magazines et de périodiques publiés par habitant.

Arrivés à l'aéroport de Keflavík, un bus nous emmena jusqu'à la plus grande ville d'Islande, sa capitale, Reykjavík (dont la population de cent dix mille habitants lui a valu le surnom de

Stærsta smáborg i heimi – « la plus grande petite ville du monde »).

Nous étions à la fin de l'été bien que le temps soit calme : l'air était frais et piquant, mais pas trop froid. Le bus avait de longues vitres brillantes qui couraient sur ses côtés et, en regardant dehors pendant le trajet, nous voyions de longs et larges agrégats nuageux gris ou argentés dans le ciel – qui était par ailleurs d'un bleu dur et métallique. En arrivant à Reykjavík, je vis la lumière du jour qui faiblissait et s'obscurcissait. Je fermai les yeux et comptai pour moi-même en islandais : *einn, tveir, þrír, fjórir*…

À l'hôtel, je rencontrai ma répétitrice islandaise, Sigríður, qui me proposa de l'appeler « Sirry » pour faire plus court. Sirry travaillait avec des étudiants étrangers à l'Université, mais elle n'avait jamais entendu parler de quelqu'un qui tente d'apprendre l'islandais en si peu de temps. Elle doutait que ce fût possible. Dans un sac, Sirry avait apporté un certain nombre de lectures. Dès qu'une opportunité se présentait, nous ouvrions les livres et je lisais des pages à haute voix pour qu'elle puisse corriger ma prononciation et m'aider avec les mots que je ne comprenais pas.

La grande quantité de lectures qu'on m'avait procurées me permit de développer un sens intuitif de la grammaire islandaise. L'une des premières choses que je remarquai était qu'il semblait qu'un grand nombre de mots soient rallongés selon leur place dans la phrase. Par exemple le mot *bok* (livre) est souvent plus long quand il est utilisé en début de phrase : *Bókin er skrifuð á íslensku* (le livre est écrit en islandais) et encore plus long s'il est en fin de phrase : *Ég er nýbúinn að lesa bókina* (je viens de finir le livre). Autre exemple, le mot *borð* (table), *Borðið er stórt og þungt* (la table est grande et lourde) et *Orðabókin var á borðinù* (le dictionnaire était sur la table). La place des mots dans la phrase m'aida à deviner les formes grammaticales que chacun devait prendre.

Le manque de temps rendait le défi particulièrement difficile. Une grande partie de mon apprentissage s'effectuait dans la voiture, quand nous allions d'un endroit de tournage à un autre – la chose s'avérant d'autant plus difficile que Sirry était malade en voiture. Il y avait bien sûr un avantage à se promener ainsi car l'Islande est visuellement un endroit étonnant. C'était l'occasion pour moi d'en absorber l'atmosphère, ce qui aurait été impossible dans une salle de classe ou une chambre d'hôtel.

Nous passâmes une journée à Gullfoss, « la cascade d'or ». Alimentée par la rivière glaciale Hvita, l'immense cascade blanche fait une chute de 32 mètres dans un étroit canyon de 70 mètres de profondeur et de 2,5 kilomètres de long. Vue de près, la fine bruine tombant continuellement dans l'air gorgé d'humidité ressemblait pour moi au nombre 89.

Un voyage à la station thermale de la vallée d'Haukadalur me permit de voir les fameux geysers islandais. Le mot geyser vient du verbe islandais *gjosa* qui signifie « jaillir ». C'est un phénomène rare : il n'en existe qu'environ mille dans le monde entier. Les geysers se forment à partir de l'eau de surface qui ruisselle par les fissures et s'accumule dans des cavernes. L'eau ainsi emprisonnée est chauffée par les roches volcaniques qui l'entourent jusqu'à une température d'environ 93 °, ce qui la transforme en vapeur et la fait jaillir. Au bout d'un moment, l'eau restant se rafraîchit et sa température tombe en deçà du point d'ébullition. L'éruption prend fin. L'eau de surface retourne vers son réservoir, par les fissures, et tout le cycle recommence, encore et encore.

Je fus fasciné par les geysers en éruption. Au début, l'eau de couleur turquoise commence à bouillonner, puis de grandes bulles apparaissent et éclatent, envoyant de l'eau bouillante dans les airs. L'éruption elle-même est soudaine et violente, produisant une colonne épaisse et aérienne d'eau scintillante, à plus de dix mètres de hauteur. L'air autour du geyser est saturé d'une odeur de soufre, comme celle des œufs pourris, que le vent emporte, heureusement.

Les longs trajets entre les séances de tournage étaient très fatigants et les pauses-déjeuner toujours bienvenues. Alors que l'équipe commandait des hamburgers et des frites, je faisais l'expérience de plats islandais traditionnels comme le *kjötsúpa* (soupe d'agneau) et *plokkfiskur* (une sorte de hachis au poisson). Le plus possible, je conversais entièrement en islandais avec Sirry et je prenais des notes dans un grand carnet noir que j'emportais partout.

Le point culminant du défi était une interview dans une émission d'actualité très populaire, *Kastljós* (Sous les projecteurs). J'étais aussi nerveux que confiant avant l'interview, bien que n'ayant aucune idée des questions à venir. Pendant presque un quart d'heure, je parlai avec les deux présentateurs, uniquement en islandais, devant des centaines de milliers de personnes. Ce fut une expérience étrange que d'être assis devant les caméras et de discuter dans une langue que je ne connaissais que depuis une semaine. Le fait d'être parfaitement compris était tout aussi étrange. Pendant la semaine, j'avais observé les Islandais parler dans leur langue. Cela paraissait si naturel et si facile. C'était comme s'ils respiraient en islandais. En comparaison, mon discours était lent et hésitant. J'expliquai à mes interviewers : « *Ég er með islensku asma* » (J'ai de l'asthme islandais).

Il y eut d'autres interviews avec les médias locaux de Reykjavík, dont une apparition dans l'émission du matin la plus regardée. Là encore, l'interview se fit entièrement en islandais. Sirry y était également présente et on lui fit beaucoup de compliments pour l'excellent travail qu'elle avait réalisé pendant cette semaine. Dans le cadre du documentaire Sirry donna aussi une interview en anglais. Elle disait notamment qu'elle n'avait jamais eu un élève comme moi et que je n'étais « pas humain » ! Je lui étais très reconnaissant – et pas seulement parce que son aide et ses encouragements m'avaient été d'une aide inestimable.

À la fin du tournage, en rentrant de Reykjavik, j'eus l'occasion de prendre un peu de recul et de considérer tout le chemin parcouru. Quelques années plus tôt, tout cela aurait paru impossible. Comment aurais-je pu vivre une vie aussi indépendante ? Prendre l'avion, voyager dans un pays aussi grand que les États-Unis, rencontrer tant de gens différents et visiter tant d'endroits,

265

et être assez sûr de moi pour partager ce que j'avais de plus intime avec le monde entier ? Cette visite en Islande avait été à la fois stupéfiante et émouvante et j'avais ressenti comme un privilège que le peuple islandais m'accueille avec autant de chaleur et d'enthousiasme. Voilà la chose la plus étrange : c'étaient les mêmes aptitudes qui m'avaient tenu à l'écart de mes pairs lorsque j'étais enfant et adolescent, qui m'avaient isolé du reste du monde, qui m'aidaient désormais à communiquer avec d'autres personnes, à l'âge adulte, et à me faire de nouveaux amis. Ces derniers mois avaient été incroyables, et ce n'était pas fini.

Un matin de printemps, l'année suivante, je reçus un coup de téléphone de bonne heure qui m'apprit que j'étais invité à la prochaine édition du *Late Show with David Letterman*. Discovery Science Channel, qui avait diffusé *Brainman* pour la première fois aux États-Unis, quelques semaines plus tôt, avait suggéré l'idée. La réaction au film avait été très positive et nous avait même valu une critique détaillée dans le *New York Times*. Bien que je n'aie jamais vu l'émission de Letterman auparavant, je la connaissais de nom, je savais qu'elle existait depuis longtemps et qu'elle était populaire. L'équipe de Discovery Science Channel proposait de me payer le voyage à New York. On avait déjà prévu un programme pour moi, mais il fallait que je parte dès cet après-midi pour enregistrer le lendemain.

J'avais la chance que Neil travaille à la maison et qu'il soit d'accord pour m'aider à faire mes bagages et m'emmener à l'aéroport. La réservation avait été faite pour moi par Internet ; la seule chose qu'on me demandait, c'était d'être prêt et de partir. La soudaineté de ce départ fut une bonne chose parce que je n'eus pas le temps de m'angoisser. Au lieu de cela, je me concentrai sur mes rituels : me laver, m'habiller, faire mon sac. Dans la voiture, Neil essaya de me calmer en me disant de profiter de cette expérience et d'être simplement moi-même.

J'étais bien placé dans l'avion, mon siège était confortable et je pus dormir pendant presque tout le trajet, ce qui m'aida beaucoup. Arrivé à JFK, je suivis les autres passagers dans les couloirs et nous arrivâmes aux services de l'immigration. Quand ce fut mon tour, je m'avançai au guichet et tendis mon passeport. De l'autre côté de la vitre, l'homme me demanda combien de temps je pensais rester aux États-Unis et je répondis : « Deux jours. » Surpris, il releva la tête : « Seulement deux jours ? » et je hochai la tête.

Il me considéra un moment, immobile, puis me rendit mon passeport et me fit signe de passer. Après avoir récupéré mon sac, je me retrouvai dans le terminal de l'aéroport. Je vis un homme qui portait une pancarte avec mon nom dessus. On m'avait dit qu'un chauffeur viendrait me chercher à JFK et j'allai vers lui. Il prit mon sac et m'accompagna jusqu'à une voiture longue, noire et brillante. Il me déposa à mon hôtel sur Central Park South et repartit. Il y a peu de temps encore, j'aurais été terrifié à l'idée d'entrer seul dans un hôtel, d'essayer de trouver ma chambre dans le dédale des couloirs numérotés, de finalement me perdre irrémédiablement. Désormais j'étais habitué aux hôtels et cela ne représentait plus un problème. Je récupérai mes clés, montai jusqu'à ma chambre et allai me coucher.

Le lendemain matin, je rencontrai une représentante de Science Channel, Beth. Elle devait s'assurer que j'étais habillé convenablement pour l'émission (des couleurs, rien de blanc et pas de rayures), me rassurer et me mettre le plus à l'aise possible. Nous marchâmes ensemble le long d'une série d'interminables rues affairées jusqu'au Ed Sullivan Theater, un studio de télévision et de radio situé sur Broadway, au 1697, siège du *Late Show* depuis douze ans. Après avoir reçu un passe, je fus accueilli par la production qui m'expliqua le déroulement de l'émission du jour. Il n'y avait qu'un petit trajet depuis les loges jusqu'au plateau et une seule marche avant de serrer la main de David et de m'asseoir. Les fauteuils étaient larges et doux, mais il faisait très froid dans le studio. On m'expliqua que David insistait pour que la température soit maintenue à 14 °. J'espérais simplement que je ne tremblerais pas trop pendant l'émission.

J'eus le temps de rentrer déjeuner à l'hôtel avant de revenir au studio pour l'enregistrement à 16 heures 30. On m'introduisit dans une petite pièce où je regardai le début du show sur un écran de télévision encastré dans le mur. Puis on m'emmena au maquillage. Les poils des brosses étaient doux et glissaient sur ma peau. Je me sentis étonnamment détendu quand on m'accompagna jusqu'au plateau et qu'on me montra où je devais me tenir pendant la publicité. Puis j'entendis David m'annoncer au public et je reçus du responsable de plateau le signal d'avancer. Suivant les répétitions du matin, je m'avançai en relevant la tête et je serrai la main de David avant de m'asseoir. Je me rappelais qu'il fallait que je garde un contact oculaire pendant l'interview. Le public était suffisamment loin, caché derrière les lumières du plateau et je ne pouvais pas le voir. Je ne pouvais que l'entendre. C'était mieux pour moi, parce que cela me donnait l'impression que David était la seule personne à qui je parlais. Il commença par des questions sérieuses sur mon autisme et sur les crises d'épilepsie que j'avais eues enfant. Il me complimenta même sur mes aptitudes sociales et le public commença à applaudir. À partir de ce moment-là, je ne fus plus anxieux du tout. Quand je commençai à raconter ma tentative de record de décimales du nombre pi, David m'interrompit et dit combien il aimait la tarte (*pie* en anglais) et le public se mit à rire. Il me demanda quel jour de la semaine il était né après m'avoir donné sa date de naissance, le 12 avril 1947. Je lui dis qu'il était né un samedi et qu'il aurait 65 ans en 2012, un jeudi. Le public applaudit bruyamment. À la fin de l'interview, David me serra vigoureusement la main et à ma sortie toutes les coulisses applaudirent. Beth me complimenta et me dit combien j'étais calme et plein de sang-froid à la télévision. Cette expérience me montrait plus qu'aucune autre que j'étais désormais vraiment capable d'avancer dans le monde, de faire tout seul des choses que la plupart des gens considèrent comme acquises : voyager à l'improviste, rester seul dans un hôtel ou marcher dans une rue animée sans avoir le sentiment d'être submergé par les différentes visions, les bruits et les odeurs tout autour de moi. Je me sentais ivre à la pensée que tous mes efforts loin d'être vains, m'avaient emmené au-delà de mes rêves les plus fous.

Le film documentaire *Brainman* a été diffusé pour la première fois en mai 2005 en Grande-Bretagne et a battu des records d'audience. Depuis, il a été montré ou vendu dans plus de quarante pays dans le monde, depuis la Suisse jusqu'en Corée du Sud. Je reçois régulièrement des e-mails et des lettres de gens qui ont vu le documentaire et qui ont été touchés ou inspirés par lui. C'est excitant de penser que mon histoire peut servir à autant de gens.

La réaction de ma famille au documentaire fut également très positive. Mon père me dit qu'il était très fier de ce que j'avais été capable d'accomplir. Depuis qu'une chute récente l'a laissé partiellement handicapé, il doit vivre dans un environnement spécialement adapté où il est susceptible de recevoir des soins médicaux et du soutien à tout moment, à proximité de la maison familiale. Neil et moi, nous allons régulièrement à Londres pour lui rendre visite. En vieillissant, la santé mentale de mon père s'est stabilisée et il met même à profit son expérience en contribuant sous forme d'articles au bulletin d'information d'une association locale.

Je n'ai pas toujours ressenti un lien émotionnel fort avec mes parents, mes frères ou mes sœurs en grandissant et je n'en ai pas ressenti un manque particulier : ils ne faisaient pas partie de mon monde, tout simplement. Les choses sont différentes aujourd'hui : je suis conscient que ma famille m'aime et je sais tout ce qu'elle a fait pour moi pendant des années. Avec l'âge, mes relations avec ma famille s'améliorent. Je pense que tomber amoureux m'a permis de me rapprocher de mes propres sentiments, pas seulement pour Neil mais pour ma famille et mes amis, et de les accepter. J'ai de bonnes relations avec ma mère, nous parlons régulièrement au téléphone et j'aime nos conversations. Elle continue à jouer un rôle de soutien très important dans ma vie, en m'encourageant et en me rassurant, ainsi qu'elle l'a toujours fait.

La plupart de mes frères et sœurs sont maintenant de jeunes adultes, comme moi. Je ne me suis pas beaucoup mêlé à eux, quand nous étions enfants, mais à présent, nous sommes beaucoup plus proches – et j'ai beaucoup appris sur chacun d'eux. Mon frère Lee travaille à la supervision des chemins de fer. C'est un passionné d'informatique et ma mère se lamente qu'en dehors de son travail, il ne fasse d'autre que rester assis devant un écran d'ordinateur.

Ma sœur Claire est dans sa dernière année à l'Université de York où elle étudie la littérature anglaise et la philosophie. Comme moi, elle s'intéresse beaucoup aux mots et à la langue et veut devenir institutrice.

L'Asperger de mon frère Steven réclame toujours énormément d'attention de la part de ma famille. Comme beaucoup de ceux qui relèvent du spectre autistique, il est également soigné pour dépression. Comme moi, il tourne en rond quand il réfléchit très intensément à quelque chose. Dans le jardin, il y a même un cercle qu'il a tracé à force de tourner en rond, encore et encore. Steven est un musicien ardent, particulièrement passionné par les instruments à cordes. Il a appris tout seul à jouer de la guitare et du bouzouki, une sorte de luth grec. Il possède également un savoir encyclopédique sur tout ce qui concerne son groupe préféré, les Red Hot Chili Peppers. Parfois, mes parents se plaignent des goûts vestimentaires de Steven qui porte des couleurs très vives (des chaussures orange par exemple) et change de coupe de cheveux toutes les semaines. Je ne crois pas qu'il faille s'inquiéter, il est tout simplement encore en train de se chercher : il teste différentes façons d'être plus à l'aise avec le monde qui l'entoure. Je sais, par ma propre expérience, que ce processus peut prendre du temps. Steven fait du bénévolat dans un magasin de charité du quartier et l'objet de son obsession actuelle concerne les triops, de petits crustacés que l'on considère comme la plus ancienne espèce animale. C'est une personne très gentille et très attentionnée, je suis fier de lui – et très confiant pour son avenir.

Mon frère Paul, qui a un an de moins que Steven, travaille comme jardinier. Il sait tout sur les plantes : comment les planter, où les mettre dans le jardin, quel type d'engrais ou quel degré d'ensoleillement elles nécessitent, etc. À chaque fois que j'ai besoin d'un conseil pour mon jardin, je sais que je peux lui demander.

Les jumelles ont bien grandi, elles aussi. Maria, l'aînée de dix minutes, a récemment passé son GCSE avec des A dans toutes les matières. Comme Claire, c'est un vrai rat de bibliothèque et elle passe beaucoup de temps à lire. Natasha vient de donner naissance à un fils, Matthew, ce qui a fait de moi un oncle, pour la première fois. J'ai une photo de mon neveu sur le buffet de la cuisine. Quand je la regarde, cela m'aide à me souvenir des miracles de la vie et de l'amour.

Mes deux plus jeunes sœurs, Anna-Marie et Shelley sont maintenant des adolescentes occupées et bruyantes. Shelley partage mon amour des livres et aime tout particulièrement ceux de Jane Austen et des sœurs Brontë.

Les visites à ma famille sont toujours des moments de bonheur pour moi. Je me sens de plus en plus proche de chacun d'entre eux, plus que je ne l'étais auparavant. Avec le recul, je leur suis extrêmement reconnaissant pour tout l'amour qu'ils m'ont donné et qu'ils continuent de me donner. Leur soutien a été l'une des raisons principales de mon succès dans la vie. À chacune de mes visites, je suis impatient de retrouver nos discussions sur les livres et sur les mots (et souvent, inévitablement, sur les Red Hot Chili Peppers). Je veux les entendre me raconter leurs expériences, leurs projets et leurs rêves pour le futur. Je ressens comme un honneur de faire partie de leurs vies.

Je passe la plupart de mes journées à la maison. C'est là que je me sens le plus calme, le plus à l'aise et le plus en sécurité, parce qu'il n'y a qu'ordre et routine tout autour de moi. Le matin, je me brosse toujours les dents avant de prendre ma douche. Je brosse chaque dent individuellement et rince ma bouche après avec de l'eau.

Quand je me lave, j'utilise des huiles naturelles – de théier et de jojoba – pour que ma peau reste douce et propre. Le savon est trop asséchant et me démange. Au petit déjeuner, je mange du porridge. J'aime la texture de l'avoine sur ma langue. Je bois des tasses de thé chaud, ma boisson favorite, avec du lait écrémé, tout au long de la journée.

Régulièrement, je fais la cuisine parce que c'est une activité manuelle qui me détend. Une recette est comme une opération mathématique ou une équation. Le produit (un gâteau aussi bien qu'un ragoût) est la somme de ses parties. Les ingrédients d'une recette ont des relations entre eux : si vous divisez par deux ou que vous multipliez par deux un ingrédient, vous devez le faire pour les autres aussi. Prenons par exemple une recette simple de gâteau pour six personnes :

6 œufs
340 g de farine
340 g de beurre
340 g de sucre blanc

De fait, on peut également l'écrire de cette façon :

6 œufs + 340 g de farine + 340 g de beurre + 340 g de sucre blanc = un gâteau (pour six personnes)

Pour préparer le même gâteau pour trois personnes au lieu de six, je change le facteur du gâteau – qui devient 3/6, c'est-à-dire 1/2 – et je divise logiquement chaque quantité par deux (3 œufs, 170 grammes de farine, etc.) pour obtenir une nouvelle équation.

Je cuisine une grande partie de ce que nous mangeons à partir de recettes simples que je trouve dans des livres ou que me donnent mes amis ou nos familles. Nous faisons notre pain et notre propre beurre de cacahuète pour nos sandwiches de midi. Parfois, je prépare aussi du lait d'avoine et des yaourts pour les petites faims, ou une tarte très savoureuse et très légère avec les pommes de notre jardin. Neil fait même du cidre frais. Il m'aide souvent à la cuisine. Travailler ensemble sur une recette est une occasion de m'entraîner à la coopération et à la communication, comme à l'intérieur d'une équipe.

Le jardin possède un grand potager où nous cultivons des oignons, des petits pois, des pommes de terre, des tomates, des choux, des laitues et des herbes – comme la menthe, le romarin et la sauge. Je prends beaucoup de plaisir à travailler dans le jardin parce qu'il est calme, qu'il y a de l'air frais et du soleil, et parce que j'aime écouter les oiseaux qui chantent ou regarder les insectes qui rampent prudemment autour des arbres et des plantes. Le jardinage permet de faire de l'exercice et de se détendre. Il réclame de la patience et du dévouement, et il m'aide aussi à me sentir mieux connecté au monde qui m'entoure.

Il y a un fort sentiment de paix et de satisfaction qui vient d'une vie plus en autarcie. Une soupe de tomates fraîchement cueillies, cultivées par nous, a bien plus de goût que n'importe quelle soupe achetée dans le commerce. Mes amis aiment les cartes d'anniversaire personnalisées que je fais pour eux avec du carton, un stylo et des crayons de couleur. Notre alimentation ne nous coûte pas cher parce que je prévois tous les repas de la semaine à l'avance et que je fixe un budget avant d'aller faire les courses. Environ un tiers de la nourriture cultivée pour la consommation en Grande-Bretagne finit à la poubelle, en grande partie parce que les gens achètent plus que ce dont ils ont besoin.

Un temps, nous allions toutes les semaines au supermarché du quartier, comme la plupart des gens. Cependant, je me fermais régulièrement, je devenais anxieux et sauvage à cause de la taille du magasin, du grand nombre de clients et de la multitude de stimuli autour de moi. Les supermarchés sont souvent surchauffés, ce qui me pose un problème car la peau me démange et que je me sens mal à l'aise quand il fait trop chaud. Il y a aussi ces lumières éblouissantes et fluorescentes qui me blessent les yeux. La solution fut d'aller faire nos courses chez les commerçants du quartier, ce qui est à la fois plus agréable pour moi, souvent moins cher, et une manière de soutenir le petit commerce de notre communauté.

Quand nous faisons des courses, Neil prend toujours le volant car je ne sais pas conduire. J'ai tenté deux fois le permis, j'ai pris de nombreuses leçons et deux fois je l'ai raté. Les autistes ont souvent besoin d'expériences plus longues, d'entraînement et de concentration supplémentaires pour apprendre à conduire. C'est parce que nos aptitudes spatiales, nécessaires pour conduire, sont souvent médiocres. Une autre de nos difficultés est d'anticiper le comportement des autres conducteurs, qui n'est pas toujours réglementaire – ce qui n'est pas compréhensible pour nous. Heureusement, cela ne gêne pas Neil de conduire pour deux.

J'ai un certain nombre de projets pour l'avenir. L'un d'entre eux est de continuer à soutenir des organisations caritatives comme la National Autistic Society et la National Society for Epilepsy car c'est important pour moi. Quand je donne une conférence au profit d'une organisation caritative, devant un public nombreux, je m'assieds ou je me tiens de manière à voir Neil, et j'imagine que je ne parle que pour lui – afin de ne pas être trop nerveux.

J'ai également l'intention de continuer à travailler avec des scientifiques et des chercheurs pour comprendre mieux encore la manière dont fonctionne mon cerveau. À la suite de mon record européen de décimales de pi et du film documentaire *Brainman*, j'ai été inondé de demandes d'études venant du monde entier. En 2004, j'ai rencontré l'un des spécialistes les plus reconnus du syndrome savant, le Dr Darold Treffert, dans le Wisconsin. C'est au cours de cette rencontre que j'ai appris que je remplissais tous les critères du syndrome savant. Depuis lors, j'ai contribué régulièrement à des projets de recherche. En voici deux exemples :

En 2004, le Pr Daniel Bor, de la Medical Research Council Cognition and Brain Sciences Unit de Cambridge, réalisa une étude sur ma capacité à traiter une suite d'informations numériques et à les restituer dans un ordre correct. À chaque étape de l'expérience, on m'asseyait devant un écran d'ordinateur où défilaient des suites de chiffres à raison d'un chiffre toutes les demi-secondes. À la fin de chaque suite, on me demandait de taper les chiffres sur l'ordinateur. Mon record fut de douze chiffres, soit deux fois la normale, comprise entre six et sept. Quand, pour évaluer le rôle de ma synesthésie, l'ordinateur affichait des nombres aléatoirement colorés, mes performances tombaient à dix ou onze chiffres. Le Pr Bor me dit qu'il n'avait jamais vu personne dépasser neuf et que mon score était extrêmement rare.

Neil Smith, professeur de linguistique à l'University College de Londres, conduisit une expérience à l'été 2005 sur la manière dont je traite certaines constructions de phrases. Les phrases en question procédaient toutes de ce que les scientifiques appellent la « négation métalinguistique », c'est-à-dire lorsque la négation n'est pas exprimée par les mots de la phrase mais par la manière de les exprimer. Par exemple, quand on montre à la plupart des gens la phrase : « John n'est pas grand, c'est un géant », on comprend facilement que John est d'une telle taille qu'on ne peut pas simplement dire qu'il est grand. Cependant, je ne suis parvenu à cette distinction que parce qu'on me l'a soigneusement expliquée. L'expérience a démontré que je considère ce genre de phrases comme contradictoire et difficile à analyser grammaticalement. C'est une difficulté, commune à tous les autistes, due à la littéralité de notre pensée et de nos processus de compréhension.

J'espère que mes aptitudes pourront aussi aider les gens, à l'avenir, en encourageant la promotion d'une plus large appréciation des façons d'apprendre. L'apprentissage visuel peut profiter à beaucoup de « neurotypiques », comme aux autistes. Par exemple, utiliser différentes couleurs pour différencier les noms, les verbes ou les adjectifs peut permettre une introduction efficace à la grammaire. De manière similaire, dans les cours de langues en ligne que j'écris pour mon site Internet, le vocabulaire est présenté avec des lettres de différentes tailles, afin de donner à chaque mot une apparence unique. Des lettres rares comme *q*, *w*, *x* et *z* sont imprimées en petits caractères, alors que des lettres courantes comme *b*, *c*, *f*, et *h* sont en taille standard et que des lettres très fréquentes (les voyelles et certaines consonnes comme *l*, *r*, *s* et *t*) sont en gros caractères. Ainsi, le mot allemand *zerquetschen* (écraser) est écrit *zerquestchen*, le mot français *vieux*, *vieux*, et le mot espagnol *conozco* (je sais), *conozco*.

Toutes mes aspirations personnelles sont vraiment simples : continuer à faire des efforts pour que ma relation avec Neil soit meilleure, pour que mes aptitudes à communiquer s'améliorent, pour apprendre de mes erreurs et pour prendre de temps en temps un jour pour moi. J'espère également devenir encore plus proche de ma famille et de mes amis – grâce à ce livre, ils pourront me connaître et me comprendre un peu mieux.

Je me souviens de manière toujours très vivante de l'expérience que j'ai vécue, adolescent, allongé sur le sol de ma chambre, à regarder le plafond. J'essayais de me représenter tout l'Univers dans ma chambre, j'essayais d'avoir une compréhension concrète de ce qu'était le « tout ». Dans mon esprit, je fis un voyage jusqu'aux marges de l'existence et j'explorai tout cela en me demandant ce que j'allais trouver. À ce moment-là, je me sentis vraiment mal et je perçus mon cœur qui battait fort dans ma poitrine parce que, pour la première fois, j'avais compris que la pensée et la logique avaient leurs limites et ne pouvaient pas emmener quelqu'un plus loin. Le fait de m'en rendre compte m'effrayait et il me fallut beaucoup de temps pour m'y faire.

Beaucoup de gens sont surpris quand je leur dis que je suis chrétien. Ils imaginent que croire en Dieu ou explorer des chemins spirituels est incompatible ou très difficilement compatible avec le fait d'être autiste. Il est absolument vrai que mon Asperger rend l'empathie ou la pensée abstraite plus difficiles pour moi. Mais cela ne m'empêche pas de penser à des sujets profonds, qui concernent la vie et la mort, l'amour et les relations, par exemple. En fait, beaucoup d'autistes tirent de réels bénéfices de leurs croyances religieuses ou de la spiritualité. L'emphase religieuse du rituel, par exemple, est une aide pour les personnes atteintes de troubles du spectre autistique car la stabilité et la solidité qu'elle apporte leur sont précieuses. Dans un chapitre de son autobiographie[1] intitulée *Stairway to Heaven : Religion and Belief*, Temple

---

1. *Ma vie d'autiste*, Odile Jacob, Poche, 2001.

Grandin, une femme autiste, écrivain et professeur de zoologie, décrit sa vision de Dieu comme une force qui organise l'Univers. Ses convictions religieuses viennent de son expérience lorsqu'elle travaillait dans les abattoirs et de son sentiment qu'il doit y avoir quelque chose de sacré dans la mort.

Comme beaucoup d'autistes, mon activité religieuse est avant tout intellectuelle plutôt que sociale ou émotionnelle. Quand j'étais au collège, je n'avais aucun intérêt pour l'éducation religieuse et je ne croyais pas que la possibilité d'un Dieu ou d'une religion puisse être d'un quelconque soutien dans la vie quotidienne des gens. Parce que Dieu n'était pas quelque chose que je pouvais voir, entendre ou sentir, et parce que les arguments religieux que je lisais et que j'entendais n'avaient aucun sens pour moi. Mon revirement date de ma découverte des œuvres de G.K. Chesterton, un journaliste anglais qui écrivit beaucoup sur sa foi chrétienne au début du XXᵉ siècle.

Chesterton était une personne remarquable. À l'école, ses professeurs disaient de lui que c'était un « rêveur » qui n'avait pas pris « le même avion que les autres ». Adolescent, il avait fondé un club de débats avec des amis où il discourait parfois pendant des heures. Avec son frère Cécil, il débattit un jour pendant dix-huit heures et trente minutes. Il pouvait citer de mémoire des chapitres entiers de Dickens, et d'autres auteurs, et se souvenait de l'intrigue de dix mille romans pour lesquels il avait fait des fiches de lecture dans une maison d'édition. Ses secrétaires rapportent qu'il leur dictait un essai pendant que, lui, était en train d'en écrire un autre sur un autre sujet. Oui, il était souvent perdu, tellement absorbé dans ses pensées qu'il devait parfois téléphoner à sa femme pour se rappeler comment rentrer chez lui. Il avait également une fascination pour les choses du quotidien, ainsi qu'il l'écrit dans une lettre à sa femme : « Je ne crois pas qu'il y ait personne qui prenne autant que moi un plaisir sincère aux choses telles qu'elles sont. L'humidité de l'eau m'excite et m'enivre. L'ardeur du feu, l'inflexibilité du fer, la saleté indicible de la boue. » Il n'est pas impossible que Chesterton ait été à la frontière du spectre autistique, à la frontière de son haut niveau. En tout cas, je me suis souvent senti proche de lui en le lisant.

Lire Chesterton adolescent m'aida à comprendre intellectuellement Dieu et le christianisme. Le concept de la Trinité, d'un Dieu qui est une relation vivante et aimante, était quelque chose que je pouvais me représenter mentalement et qui signifiait quelque chose pour moi. J'étais également fasciné par l'idée de l'Incarnation, de Dieu se révélant Lui-même dans le monde, tangible, humain, en Jésus-Christ. Pourtant ce n'est qu'à vingt-trois ans que je décidai de participer à des cours de catéchisme à l'église locale. Ces cours collectifs hebdomadaires avaient pour but de transmettre les bases du christianisme. Je n'étais pas intéressé par la prière pour me guider dans la vie, ni par les expériences des autres, je voulais des réponses à mes questions. Heureusement, par ses livres, Chesterton répondit à toutes mes questions. À Noël 2002, je devins chrétien.

Mon autisme ne me permet pas toujours de comprendre ce que les autres pensent ou ce qu'ils sentent dans certaines situations. Pour cette raison, mes valeurs morales sont plus fondées sur des idées logiques, qui font sens pour moi et auxquelles j'ai beaucoup réfléchi, que sur l'exemple des autres. Je sais qu'il me faut traiter chaque personne que je rencontre avec gentillesse et respect parce que je crois que chacun est unique et à l'image de Dieu.

Je ne me rends pas souvent dans les églises parce que je suis rapidement mal à l'aise s'il y a trop de monde. Pourtant, à l'occasion, lorsque j'y suis allé, j'ai toujours trouvé cette expérience intéressante et troublante. L'architecture est souvent complexe et belle, et j'aime vraiment ce sentiment d'espace au-dessus de moi, quand je lève les yeux au plafond. Enfant, j'adorais écouter les psaumes et les chants. La musique m'aidait de fait à faire l'expérience de sentiments décrits généralement comme religieux, telles la transcendance ou l'unité. Mon chant préféré était l'Ave Maria. Dès que je l'entendais, je me sentais complètement enveloppé par la musique.

Certaines de mes histoires préférées viennent de la Bible, comme l'histoire de David contre Goliath. Beaucoup d'entre elles utilisent un langage imagé et symbolique qui me permet de visualiser les scènes, et cela m'aide à comprendre le récit. Il y a beaucoup de très beaux passages dans la Bible, mais j'aime particulièrement l'épître aux Corinthiens : « La charité est longanime ; la charité est serviable ; elle n'est pas envieuse ; la charité ne fanfaronne pas, ne se gonfle pas ; elle ne fait rien d'inconvenant, ne cherche pas son intérêt, ne s'irrite pas, ne tient pas compte du mal ; elle ne se réjouit pas de l'injustice mais elle met sa joie dans la vérité. Elle excuse tout, croit tout, espère tout, supporte tout. [...] Maintenant donc demeurent foi, espérance, charité, ces trois choses, mais la plus grande d'entre elles, c'est la charité[1]. »

On dit que chacun connaît un moment parfait, de temps en temps, une expérience de paix complète et de lien avec le monde, comme quand on regarde la vue depuis la tour Eiffel ou qu'on contemple une étoile en train de mourir. Je n'ai pas vécu beaucoup de moments de cet ordre, mais comme dit Neil, ce n'est pas grave car ce qui est rare est encore plus particulier. Le plus récent est survenu l'été dernier à la maison – ces moments surviennent souvent quand je suis à la maison – après un repas que j'avais fait et partagé avec Neil. Nous étions assis tous les deux dans le salon, rassasiés et heureux. Soudain, je fis l'expérience de m'oublier moi-même et, pendant ce moment bref et brillant, j'eus l'impression que toute mon anxiété et mon mal-être disparaissaient. Je me tournai vers Neil pour lui demander s'il avait ressenti la même chose. Cela avait été le cas.

---

1. Traduction française sous la direction de l'École biblique de Jérusalem, *La Bible de Jérusalem*, Desclée de Brouwer, Paris, 1975.

J'imagine ces moments comme des fragments ou des éclats éparpillés sur une vie entière. Si quelqu'un pouvait les coller bout à bout, il obtiendrait une heure parfaite, voire une journée parfaite. Et je pense que cette heure ou cette journée le rapprocherait de ce qui fait le mystère d'être un humain. Ce serait comme un aperçu du paradis.

Remerciements

Je voudrais remercier les personnes suivantes, sans qui ce livre n'aurait jamais vu le jour :

Mes parents, Jennifer et Kevin, pour tout leur amour, leur patience, et tout ce qu'ils m'ont enseigné.

Mes frères Lee, Steven et Paul, et mes sœurs Claire, Maria, Natasha, Anna-Marie et Shelley, pour leur amour et leur compréhension.

Rehan Qayoom, mon meilleur ami d'enfance.

Elfriede Corkhill, mon institutrice préférée.

Ian et Elaine Moore, Ian et Ana Williams, ainsi que Olly et Ash Jeffery, mes meilleurs amis.

Birute Ziliene, à qui je pense quand je me remémore mon séjour en Lituanie.

Sigridur Kristindottir, ma répétitrice d'islandais.

Suzy Seraphine-Kimel et Julien Chaumon, pour leur aide en ce qui concerne le site Internet optimnem.co.uk

Martin, Steve, Toby, Dan et Nicola, l'équipe du documentaire *Brainman*.

Karen Ammond, pour m'avoir montré la puissance de l'enthousiasme.

Andrew Lownie, mon agent littéraire.

Rewena Webb, Helen Coyle et Kerry Hood des Éditions Hodder & Stoughton, pour leur aide et leurs conseils concernant ce livre.

Bruce Nichols et l'équipe des Éditions Free Press, pour leur aide concernant l'édition américaine.

Finalement, Neil, mon compagnon, pour être ce qu'il est.

TABLE

8818

Composition
NORD COMPO

Achevé d'imprimer en Slovaquie
par NOVOPRINT
le 16 juillet 2019.

1er dépôt légal dans la collection : janvier 2009.
EAN 9782290011430
OTP L21EPLN000378A011

ÉDITIONS J'AI LU
87, quai Panhard-et-Levassor, 75013 Paris

Diffusion France et étranger : Flammarion